_____ 님의 소중한 미래를 위해
이 책을 드립니다.

빅데이터로 전망하는
대한민국 부동산의 미래

빅데이터로
전망하는

대한민국
부동산의
미래

경제만랩 리서치팀 지음

최고의 부동산빅데이터 연구소
경제만랩의 부동산 대예측

메이트북스

메이트북스 우리는 책이 독자를 위한 것임을 잊지 않는다.
우리는 독자의 꿈을 사랑하고,
그 꿈이 실현될 수 있는 도구를 세상에 내놓는다.

빅데이터로 전망하는 대한민국 부동산의 미래

초판 1쇄 발행 2022년 12월 16일 | **지은이** 경제만랩 리서치팀
펴낸곳 (주)원앤원콘텐츠그룹 | **펴낸이** 강현규·정영훈
책임편집 박은지 | **편집** 안정연·남수정 | **디자인** 최정아
마케팅 김형진·유경재 | **경영지원** 최향숙 | **홍보** 이선미·정채훈
등록번호 제301-2006-001호 | **등록일자** 2013년 5월 24일
주소 04607 서울시 중구 다산로 139 랜더스빌딩 5층 | **전화** (02)2234-7117
팩스 (02)2234-1086 | **홈페이지** www.matebooks.co.kr | **이메일** khg0109@hanmail.net
값 16,500원 | **ISBN** 979-11-6002-388-6 03320

우리가 어디로 가고 있는지 알 수 없어도,
우리가 지금 어디에 있는지는 잘 알고 있어야 한다.

· 하워드 막스(월가의 전설적 투자자) ·

빅데이터로 부동산시장의
다가올 미래를 파악한다

"우리가 어디로 가고 있는지 알 수 없어도, 우리가 지금 어디에 있는지는 잘 알고 있어야 한다."

미국의 가치투자 대가인 하워드 막스(Howard Marks)의 격언이다. 그의 말은 비단 주식시장뿐만 아니라 부동산시장에서도 적용된다. 현재의 부동산시장만 제대로 알고 있다면 향후 전망이 어떻게 될지 어느 정도 예측할 수 있기 때문이다.

흔히 경제를 살아 움직이는 생물에 비유한다. 사람의 혈액처럼 경제도 돈과 상품이 순환되면서 생산·분배·소비·생산으로 이어지는 물질적 재생산이 계속 되풀이되기 때문이다. 부동산도 마찬가지다. 수요와 공급 법칙에 맞춰 시간에 따라, 정책에 따라, 규제에 따라, 사람들의 심리에 따라 부동산은 하나의 생물처럼 움직인다. 특히 부동산은 우리나라 국민 자산의 80%나 차지하고 있어 관심이 쏠리는 것은 어쩌면 당연한 현상이다.

부동산시장에는 다양한 변수가 끊임없이 등장하고, 그 영향에 따라 주목해야 할 이슈와 투자의 대상 또한 계속 변한다. 이에 부동산시장의 변화를 빨리 따라가는 것은 쉽지 않고, 부동산에 얽힌 복잡한 이해관계와 정책을 파악하는 것도 어렵다.

하지만 빅데이터·트렌드 분석을 통해 의미 있는 시그널들을 포착한다면 부동산시장에 대한 어느 정도의 예견이 가능할 수 있다. 빅데이터(Big Data)는 디지털 시대에서 폭증하는 방대한 양의 데이터를 관리하고 분석해서 유용한 정보로 사용하는 기술이다. 과거에는 중요하게 여기지 않았던 매우 사소한 정보들이 이제는 디지털 정보로 기록되면서 더욱 정교하고 디테일하게 부동산시장을 분석할 수 있게 된 것이다.

흔히 지역별 평균 시세와 거래량, 분양가격, 미분양 등을 통해 부동산시장을 분석하는 경우가 많다. 하지만 이제는 단순한 주택 거래가 아닌 매입자 거주지별이나 연령별, 거래주체, 거래규모, 외국인, 거래용도 등의 데이터를 활용할 수 있어 과거보다 훨씬 더 구체적인 부동산시장 분석이 가능해졌다.

일주일에 한 번씩 내놓는 한국부동산원의 0.01% 오르고 내리는 주간 전국 아파트 가격을 보는 것보다 더욱 다양한 부동산 지표를 살펴보면서 부동산시장의 향방을 파악하는 것이 중요하다. 물론 부동산과 관련이 있거나 영향을 미치는 모든 지표가 100% 객관적인 것은 아니다. 하지만 이 지표들은 부동산시장을 파악하는 중요한 참고자료가 되고, 정부에서도 이러한 관련 데이터를 참고해 정책들을 만들기 때문에 반드시 짚고 넘어가야 할 필요가 있다.

대표적인 예로 경기도 동두천시의 사례를 꼽고자 한다. 한국부동산원의 지역별 아파트 거래량을 살펴보면, 2021년 경기도 동두천의 아파트 매매거래량은 2,643건으로 나타났다. 2017년 1,581건, 2018년 1,176건, 2019년 1,130건, 2020년 2,067건으로 인구 대비 아파트 거래량이 가파르게 올랐고, 월간 주택가격 상승률도 가팔라졌다. 더불어 동두천시에 거주하지 않는 타 지역 거주자가 사들인 건수도 크게 늘었다. 이는 조정대상지역 조건에 해당하는 시그널이다.

결론적으로 국토교통부는 2021년 8월 말 주거정책심의위원회를 통해 동두천시의 6개동, 즉 송내동과 지행동, 생연동, 보산동, 동두천동, 상패동을 조정대상지역으로 묶었다. 이후 동두천시는 거래절벽과 규제의 영향을 받아 일부 단지에선 가격 조정이 이루어졌다.

조정대상지역 지정 전에 이 시그널을 미리 파악했다면 선제적으로 대응할 수도 있었을 것이다. 이처럼 부동산 데이터를 안다면 정부의 부동산 정책이 나오게 된 배경을 더 쉽고 디테일하게 알 수 있다. 실제로 경제만랩은 조정대상지역 발표 이전인 2021년 8월 중순 '동두천시에 외지인들의 매입거래량이 증가했고 주택가격과 거래량이 폭발적으로 증가했다'는 내용의 보도자료를 내놓았고, 언론에서 큰 반향을 일으킨 바 있다.

우리나라 부동산시장에서는 심리적인 요소도 분명 크게 작용하지만 데이터를 통한 객관적이고 근본적인 원인 파악 및 분석도 필수다.

단순히 감으로 부동산을 평가하고 예측하는 시대는 완전히 끝났다고 봐도 과언이 아니다.

고도성장기였던 과거와 달리 저성장 시대를 지속하면서 부동산시장에 영향을 끼치는 다양하고 복잡한 변수들이 존재하는데, 그것들을 해석하는 눈을 가져야 할 것이다. 이제 부동산 데이터들은 누구나 쉽게 구할 수 있다. 하지만 이를 해석하는 데 아직 낯설고 어려울 뿐이다.

이 책은 객관적인 데이터를 통해 우리나라 부동산시장을 파악할 수 있도록 했다. 주간 전국 아파트 가격이 0.01% 오르내리는 내용은 이 책에 포함하지 않았다. 단기간인 몇 주간 동안 변동하는 주택가격에 흔들리지 않아야 하기 때문이다. 독자들이 부동산시장의 큰 숲을 볼 수 있도록 이 책의 내용을 작성했기 때문에 이러한 흐름을 눈여겨보면서 완독할 수 있으면 좋겠다.

또한 어느 타이밍에 어떻게 집을 매입하고 언제 팔아야 한다는 매뉴얼보다는, 스스로 부동산 흐름을 설정하고 중장기적으로는 부동산의 가치와 변화에 대응할 수 있도록 하는 데 아무쪼록 이 책이 도움이 되었으면 한다.

집값이 오를 것인지 내릴 것인지 50%의 확률에도 똑소리 나는 전망을 내놓는 부동산 전문가가 많지 않은 것은 부동산 변동 요인이 매우 다양한 형태로 등장하기 때문이다. 하지만 데이터가 그려주는 시그널은 집값 향방을 예측할 수 있는 강력한 무기가 되는 만큼 독자들도 데이터 분석을 통해 부동산시장을 바라보는 시각이 넓어졌으면 하는 바람이다.

이 책을 발간하기까지 경제만랩 리서치팀에 적극적이고 아낌없는 지원을 해준 노안수 대표님에게 감사와 존경의 마음을 전한다.

경제만랩 리서치팀

1장   저금리시대에서 고금리시대로 _
새로운 시대의 부동산시장 흐름

2장 빅데이터로 부동산시장을 예측하다 _
거품과 호황을 판단하는 기준

3장

대한민국 부동산 1번지 '서울' _
서울 부동산시장 대해부

4장

공급 정책의 핵심 '수도권' _
수도권 부동산시장의 흐름

5장

지역별 차별화에 주목하라 _
5대 광역시 부동산시장 전망

6장

정부 정책에 대한 정확한 이해 _
부동산 투자의 첫걸음이다

7장

게임의 법칙이 다르다 _
수익형 부동산으로 돈 버는 방법

대세 하락인가, 조만간 반등할까?
안갯속 부동산시장, 이렇게 보자!

2021년 말부터 주요국의 중앙은행들은 치솟고 있는 물가를 잡기 위해 기준금리를 올리고 있다. 이에 대출이자 부담이 커지고 소비심리도 위축되며 경제가 원활하게 돌아가지 않는 침체에 빠진 상황이다. 부동산시장 역시 거래가 끊기고 가격이 조정되는 등 갈수록 경제가 어려워지고 있다.

이 같은 불안한 경제 상황은 끝도 없이 장기간 지속될 것처럼 느껴지지만, 분명한 사실은 시장경제는 현재의 위기를 딛고 도약할 것이며 더욱 탄탄한 시장경제로 성장할 수 있다는 것이다.

지난 1997년 우리나라가 겪은 IMF 사태, 2008년 미국의 리먼 브라더스의 금융위기, 2012년 남유럽 재정위기 등 글로벌 경제위기 당시에는 경기회복이 오지 않을 것처럼 느껴졌지만 경제는 점진적으로 회복했고, 더 안정적으로 성장했다. 일시적인 물가 상승과 고금리는 찾아올 수 있지만, 장기적으로 지속될 가능성은 현저히 낮다. 우리의 삶과 마찬가지로 경제 또한 위기가 있다면 돌파구를 찾고 문제를 해결하기 위해 다양한 방법을 연구하고 있기 때문에 미래를 긍정적으로 바라볼 필요가 있다.

부동산시장도 글로벌 경제위기로 몇 차례 주춤하는 경우가 있었다. 하지만 결국 시간이 흐르면서 상황이 회복되었고, 그 가치는 더욱 높아졌다.

실제로 2006년 국토교통부에서 아파트 실거래가 신고를 의무화시킨 당시의 데이터를 살펴보면 부동산시장은 호황기였다. 당시에 서울 아파트 가격은 계속 오르고 있었지만, 2008년 9월 미국의 4대 투자은행이던 리먼 브라더스가 파산신청을 하면서 글로벌 금융위기를 맞았고, 이어 국내 부동산시장도 침체기를 겪었다. 그로부터 1년 뒤인 2009년 다시 경제가 어느 정도 회복이 되는가 싶었지만, 2012년에는 남유럽 재정위기 사태가 발생하면서 부동산시장이 큰 조정을 받았다. 그럼에도 금융위기는 빠르게 회복되었고, 경제도 한층 더 빠르게 성장했다.

서울 강남 재건축 아파트의 상징이자 랜드마크로 불리는 '은마아파트'의 당시 실거래가만 보더라도 경제 상황을 쉽게 이해할 수 있다. 2006년 12월 은마아파트의 전용면적 84m²는 12억 9,000만 원에 거래가 되었지만, 2008년 미국발 금융위기로 은마아파트 가격이 8억 7,000만 원까지 하락한 적이 있다. 이후 2009년 다시 은마아파트는 11억 6,000만 원에 거래되며 회복세를 보였지만, 2012년 남유럽 재정위기로 가격은 8억 5,000만 원까지 떨어졌다. 하지만 부동산 조정은 장기화되지 않고 2013년부터 다시 회복세를 보였으며, 2016년에는 14억 원을 기록해 역대 신고가를 갈아치웠다. 이후 은마아파트의 집값은 계속해서 올라갔다. 2022년 10월에는 은마아파트가 서울시의 재건축 심의까지 통과하면서 흔들리는 경제 상황 속에서도 상승세를 보였다.

은마아파트뿐만 아니라 서초구와 송파구의 아파트들도 비슷한

2006~2022년, 서울 강남3구 주요 아파트 실거래가 현황 및 금리 추이

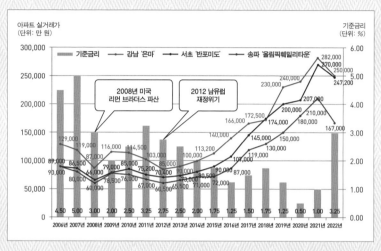

<자료_국토교통부 실거래가 통계시스템, 한국은행>

상황이다. 서초구 반포동에 위치한 '반포미도아파트'는 전용면적 84.96m²가 2006년 8억 9,000만 원에 거래되다가 2008년 금융위기로 6억 6,000만 원까지 하락했지만, 2009년에 7억 9,000만 원으로 바로 회복했다. 이어 2012년 남유럽 재정위기로 7억 400만 원까지 한 차례 더 내려왔고, 2015년에 9억 원으로 신고가를 갱신한 뒤 지

속적인 상승세를 기록했다.

마찬가지로 송파구의 '올림픽훼밀리타운아파트'도 전용면적 84.705m²가 2006년 9억 원에 거래되다가 2008년 6억 원까지 하락했지만, 2009년에는 7억 8,500만 원으로 다시 회복했다. 이후 2012년에는 6억 500만 원으로 내려왔고, 이후 상승세를 보이더니 2017년에 신고가를 기록했다.

이렇듯 서울의 대표적인 은마아파트뿐만 아니라 서울의 모든 아파트들은 이 같은 현상을 보였다.

많은 사람들이 경제위기를 비정상적이고 특수한 현상으로 해석하는 경우가 많지만, 자본주의 경제체제에서는 필연적으로 발생할 수 있는 현상 중의 하나다. 최근 들어 언론에서도 경제 침체의 골이 깊어질 수 있으며 불안정한 경제 상황이 지속될 수 있다고 우려하고 있다. 하지만 과거를 돌이켜보면 경제는 위기에 빠르게 대응하고, 결국 위기를 극복하며 꾸준히 성장해왔다.

그러므로 경제 상황을 단기적으로 바라보는 것이 아니라 장기적으로 분석해 큰 그림을 그려나가는 것이 중요하다. 이런 시기일수록

과거 경제 상황을 현재와 철저히 비교 분석해야 할 것이고, 미래가
치가 높은 부동산을 미리 파악해 기회가 찾아왔을 때 곧바로 실행에
옮길 수 있어야 한다.

　시시각각 끊임없이 변하는 경제 상황을 사람이 모두 분석하기란
쉽지 않다. 그럼에도 '과거를 안다면 미래를 볼 수 있다'는 역사의 교
훈이 경제나 부동산에도 똑같이 적용된다는 점을 놓치지 말아야 할
것이다.

코로나19가 나타난 이후 모든 산업이 매우 큰 변화를 맞이했다. 부동산시장도 마찬가지다. 비대면과 재택근무로 인해 집에 대한 인식이 달라졌다. 이제 집은 휴식하는 공간을 넘어 업무와 취미공간까지 갖춰진 공간으로 자리 잡은 것이다. 이에 '넓은 집'에 대한 수요가 늘어났고, 건설사들은 아파트에 다양한 커뮤니티를 접목시켜 차별화를 만들어내면서 집 안에서 모든 것을 해결할 수 있도록 하고 있다.

코로나19는 부의 양극화도 만들어냈다. 유례없는 초저금리를 만들어냈으며, 풍부해진 유동자금이 부동산시장에 쏠리면서 집 값이 폭등했고 부동산시장에 호황을 불러일으켰다. 결국 집을 가진 유주택자들은 막대한 자산을 쌓았지만, 집을 소유하지 않은 무주택자들은 치솟은 집값을 보면서 망연자실할 수밖에 없게 되었다. 코로나19는 일상뿐만 아니라 모든 것을 바꾸었다. 팬데믹에서 이젠 엔데믹으로 들어서면서 부동산시장에 구체적으로 어떤 변화가 있었는지 1장에서 살펴보자.

1장

저금리시대에서 고금리시대로 _
새로운 시대의 부동산시장 흐름

하나부터 열까지 모든 것이 달라지다, '뉴 노멀'의 시대

국가들마다 제각기 요인은 다르겠지만, 보편적으로 초저금리와 풍부한 유동성 등 경기침체 위기 대응을 위한 정부의 재정지출 증대가 주택시장 호황을 불러일으킨 것으로 분석된다.

코로나19 이후 달라진 부동산시장, 어떻게 이해해야 하는가?

아무도 짐작하지 못했을 것이다. 신종 코로나바이러스 감염증(이하 코로나19)으로 우리의 일상이 이렇게 달라질 줄을 말이다. 전 세계가 코로나19로 직격탄을 맞았다. 사상 초유의 위기를 겪고 있는 우리는 이제 코로나19 이전의 삶을 되찾기 위해 부단히 애쓰고 있다. 사회적 거리두기로 인간관계가 무너지고 우울증과 공포감에 사로잡혔지만, 시간이 흐를수록 우리는 더욱 단단해지고 있으며 무너진 일상을 회복하고 있다.

코로나19가 발생한 지 3년이 지난 지금, 팬데믹 시대에서 엔데믹 시대로 전환되어 우리는 이전과 전혀 다른 삶을 살고 있다. 코로나19로 전 세계적으로 인적·물적 자원의 이동이 제한되어 경제에 심각한 타격을 주었기 때문이다. 경제뿐만 아니라 문화·사회·교육 등 모든 것들이 손바닥 뒤집듯 단숨에 달라졌다.

이는 부동산시장도 예외는 아니었다. 전 세계가 경기 부양을 위해 화폐를 계속 찍어내면서 화폐가치가 하락했으며, 부동산의 자산가치는 걷잡을 수 없이 상승한 것이다. 역대 최저 기록을 갈아치운 주택담보대출 금리로 주택시장은 호황을 불러왔다. 2020년 초에 코로나19 충격이 시작된 후, 그해 3월 16일 임시 금통위는 기준금리를 0.5%포인트(p)를 한꺼번에 낮춘 이른바 '빅컷'을 단행했고, 이어 5월 28일 추가 기준금리 인하로 사상 최저 수준인 기준금리 0.5%까지 떨어뜨렸다. 이렇게 초저금리 시대가 도래하자 풍부한 유동성으로 인해 투자 열풍이 일어났다.

특히 부족한 주택공급으로 집값이 급등해 집주인들은 앉아서 상당한 자산을 쌓았다. 반면 부동산을 소유하지 못한 사람들은 집값 급등으로 인해 내 집 마련의 꿈은 더욱 멀어졌고, 높아진 전셋값에 허덕이게 되면서 부동산 소유 여부에 따라 부의 양극화가 심화되었다.

이 같은 현상은 비단 우리나라만 해당되는 것이 아니었다. 전 세계 화폐가치가 추락했고, 주택가치는 치솟아 빈부 격차가 더 크게 벌어졌다. 국가들마다 요인은 다르겠지만, 보편적으로 초저금리와 풍부한 유동성 등 경기침체 위기 대응을 위한 정부의 재정지출 증대가 주택시장 호황을 불러일으킨 것으로 분석된다.

우리나라의 경우 여기에 더해 전 정권인 문재인 정부가 부동산시장에 전방위적인 규제를 쏟아낸 것도 집값을 크게 올리는 데 크게 한몫했다. 25차례의 강도 높은 부동산 대책으로 시장 억제 정책들이 시행되면서 집값이 잡힐 것처럼 보였지만, 규제의 역효과만 나오면서 집값이 급상승했던 것이다. 재건축·재개발을 멈추고 대출과 청약제도, 분양가상한제 등을 쏟아내며 투기수요를 잡으려고 했지만, 결국 전국 아파트 가격은 폭등했고 주거 불안정이 더욱 가중되었다.

국내외 불문하고 치솟은 부동산 가격에 시장은 혼돈 상태

영국 부동산 정보업체 나이트 프랭크(Knight Frank)는 분기마다 '글로벌 주택가격 지수(Global House Price Index)'를 발표한다. 해당 보고서를 살펴보면, 지난 2021년 4분기 우리나라의 주택가격 상승률은 물가 상승 반영 실질 기준으로 14.2%를 기록했다. 1등은 호주(17.5%), 2등은 터키(17.3%), 3등은 체코(16.4%)인데 우리나라는 56개국 중에서 여섯 번째로 높은 상승률을 기록했다.

다만 이러한 국제 통계들은 우리나라의 실정을 제대로 반영하지 못한다는 지적도 있다. 국가별로 주택가격을 산정하는 기준이 제각기 다르기 때문이다.

예를 들어 우리나라는 한국부동산원의 주택가격 동향을 제출하지만 다른 국가들은 실거래가 통계나 호가를 제출하는 경우도 있다. 또한 수도권이나 지방의 구분도 없다. 모든 통계는 전국 단위 기준이

2020~2022년, 지역별 아파트 평균 매매가격 변화

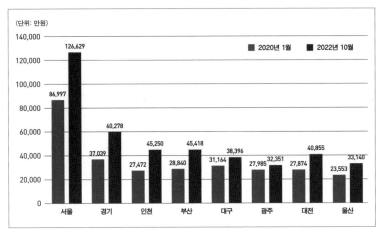

<자료_KB부동산 주택가격 동향>

다. 수도권 위주의 부동산 과열 현상을 담아내지 못하는 것이다. 그리고 모든 형태의 주택 유형을 포함해서 사람들이 체감하는 가격과 다르다는 지적도 있다.

주택담보대출의 기준이 되는 KB부동산의 주택가격 동향을 살펴보면, 2022년 10월 전국 아파트 평균 매매가격은 5억 4,693만 원으로 집계되었다. 이는 우리나라 코로나19 첫 확진자가 발생하기 시작한 2020년 1월(3억 7,803만 원)과 비교해 44.7% 치솟은 금액이다.

서울 아파트 평균 매매가격은 2020년 1월 8억 6,997만 원에서 2022년 10월 12억 6,629만 원으로 45.6% 상승률을 보였다. 같은 기간 경기도는 3억 7,039만 원에서 6억 278만 원으로 62.7% 올랐고, 인천은 2억 7,472만 원에서 4억 5,250만원으로 64.7%까지 치솟았다.

부산, 대구, 광주, 대전, 울산을 포함한 5대 광역시에선 38.0% 올랐다. 이 같은 집값 급등으로 우리는 부동산에 대해 관심을 놓을 수 없게 되었다.

2년간 급격하게 오른 전국 아파트 가격은 2022년 들어 다소 주춤한 상태다. 그래서 일부 지역에서는 아파트 가격이 고점 대비 몇억 원씩 떨어졌다는 분석이 나오고 있지만, 자세히 들여다보면 2021년 하반기 대비 하락한 것이지, 2020년과 비교한다면 여전히 높은 가격에 머물러 있는 상태다.

여기에 시세보다 현저히 낮은 가격에 거래되었더라도 직거래로 이루어지는 경우도 생겨나고 있다. 실거래가로 계약이 이루어졌더라도 직거래로 표기되었다면, 가족 간 특수거래인 경우다. 시세보다 3억원 상당 낮거나 30% 정도 저렴한 가격이라면 저가 증여로 볼 수 있다. 이 때문에 시세가 왜곡되는 경우가 있다.

이렇듯 아파트 가격은 어느 시점에 비교하느냐 하는 거래 원인에 따라 가격이 오르락내리락할 수 있다. 그러므로 단순히 몇 개월 주기로 짧게 보기보다는 1년 단위의 장기적인 관점으로 바라볼 필요가 있다.

자재 가격 급등에 신음하는 주택공급, '지금이 가장 싼 가격'

윤석열 정부는 분양가를 올리더라도 대규모 주택공급을 통해 부동산시장 안정화를 이룰 것으로 보인다. 건자재 가격이 안정되더라도 건설현장에서 일할 근로자가 부족해 분양가는 올라갈 것으로 전망된다.

건축 원자재 가격난,
언제까지 이어질까?

코로나19로 글로벌 공급망에 차질이 생긴 데 이어 러시아-우크라이나 전쟁으로 원유 가격까지 치솟자 건축 원자재 가격이 들끓고 있다. 이 나비효과로 결국 분양가가 오를 것이라는 판단이다.

2021년 유럽 정유사들은 석유 공급을 줄였다. 코로나19로 인해 수요가 줄었기 때문이다. 그러다 코로나19 엔데믹을 바라보면서 2022년부터 수요가 급격히 늘었지만, 러시아-우크라이나 전쟁으로 인해 사면초가에 빠졌다. 미국과 영국, 캐나다를 비롯한 많은 국가들이 경제 규제 카드로 러시아산 석유에 대한 수입을 끊었고, 이로 인한 공급 부족으로 경유 가격이 급등했다.

일반적으로 휘발유는 수송용으로 사용하지만 경유는 수송용 외에도 발전용, 산업용, 농업용 등으로 수요가 다양해 문제는 더욱 심각하다. 경유는 휘발유보다 연비가 좋고 폭발력도 크기 때문에 산업현장에서 흔히 사용된다. 그런데 경유 가격이 급등하니, 건축에 필요한 원자재를 만드는 기계들의 비용 단가도 높아지게 되었다.

실제로 경유값 폭등의 영향으로 발전 및 시멘트 생산의 연료인 유연탄 국제가격은 사상 최고 수준으로 치솟아 오르기도 했다. 2020년만 하더라도 평균 유연탄 국제가격은 톤당 60달러 수준이었지만, 러시아-우크라이나 전쟁 이후 유연탄 가격은 톤당 400달러대로 치솟아 올랐다.

시멘트 가격뿐만 아니라 철근, 레미콘, 콘크리트, 골재 등의 가격도 올라가면서 건설업계는 당황하는 기색을 숨기지 못했다. 이 같은 상황은 우리나라뿐만 아니라 전 세계적으로 공급 대란이 벌어지면서 '건설공사 자체가 멈출 수도 있다'는 우려가 커지고 있다.

건설자재 공급난이 장기화될 경우 주택 분양가 상승은 물론 주택시장 전반에 악영향이 미칠 수밖에 없다. 시행사를 비롯해 시공사들이 분양가상한제와 정부의 규제에 막혀 원자재 가격 상승분을 제대로 반영하지 못하고, 이로 인해 수익성이 떨어지자 주택 분양에서 손을 놓은 것이다. 그도 그럴 것이 아파트를 짓는 원가 자체가 올라갔는데 팔 수 있는 분양가는 올리지 못하게 되니, 시행사 및 시공사 입장에선 리스크를 부담하고 사업을 진행하지 않겠다는 것이다.

정부 주택공급 목표 달성 차질 우려,
건축 비용 안정화엔 시간 걸릴 듯

이에 정부도 어느 정도 숨통을 풀어주는 모양새다. 사업성을 이유로 주택공급이 끊기자 정부도 주택공급을 위한 민간사업이 필수적인 만큼 기본형 건축비를 올려서 주택공급이 이루어질 수 있도록 했다. 실제로 국토교통부는 2022년 2월 25일 원자재 가격 상승 등을 반영해 분양가상한제 대상 공동주택의 기본형 건축비를 3월부터 2.64% 인상하기로 했다.

이렇게 건축비용을 올리니 m²당 건축비 상한금액(16~25층 이하, 전용면적 60~85m² 기준)은 기존 178만 2,000원에서 182만 9,000원으로 올라가게 되었다. 기본형 건축비 인상률은 2021년 9월(3.42%)에 비해서는 낮은 수준이지만 역대 네 번째로 높은 것으로, 정부도 아파트 공급을 늘리기 위해 어쩔 수 없는 선택을 한 것이다.

특히 윤석열 정부가 임기 내 주택 250만 가구 공급을 공약에 내건 만큼, 분양가가 다소 올라가더라도 분양 물량이 나올 수 있도록 했다. 이 기본형 건축비용은 분양가상한제가 적용되는 주택의 분양가격(택지비+택지가산비+기본형 건축비+건축가산비)의 산정에 활용된다. 아파트 분양 원가가 높아진 만큼 소비자들에게 판매하는 분양가격도 올라가니 시행사와 시공사의 사업성이 생겨 아파트를 짓고 분양을 할 수 있게 되는 것이다.

주택도시보증공사의 민간아파트 분양가격 동향 통계를 살펴보면 전국 아파트 분양가격이 상당히 올라갔음을 알 수 있다. 지난 2017년 1월만 하더라도 전국 평균 분양가격은 3.3m²당 958만 원이었지만,

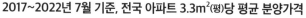

2017~2022년 7월 기준, 전국 아파트 3.3m²⁽평⁾당 평균 분양가격

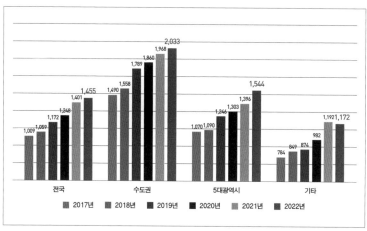

<자료_주택도시보증공사>

2018년 1,038만 원, 2019년 1,126만 원, 2020년 1,195만 원, 2021년 1,301만 원, 2022년 1월 1,419만 원으로 5년 만에 48.1% 상승률을 보인 것이다. 특히 서울의 민간아파트 3.3m²당 평균 분양가격은 2017년 2,132만 원이었지만, 2022년엔 3,167만 원으로 5년간 3.3m²당 1,035만 원 올랐고 48.6% 상승률을 보였다.

건축 원자재 가격이 진정되더라도 아파트 분양가격은 더욱 올라갈 수밖에 없는 구조다. 중대재해처벌법으로 인한 안전관리비 상승도 분양가에 영향을 줄 수 있기 때문이다.

2021년 1월 8일 국회 본회의를 통과한 중대재해처벌법은 2022년 1월 27일부터 본격적으로 시행되었다. 이 법은 사업주나 경영책임자가 안전확보의무 등 조치를 소홀히 해 중대한 산업재해나 시민 재해가 일어나 인명 피해가 발생하면 사업주나 경영책임자를 처벌하는 법이다. 기업의 안전보건조치를 강화하고 안전에 대한 투자를 확대해 중대산업재해를 예방하기 위한 목적으로, 건물 붕괴나 건설현장에서의 사고 등을 막는 취지를 가지고 있어 당연히 필요한 법률이다.

실제로 2022년 1월 삼표산업 양주 채석장에서 사망 사고가 발생하면서, 고용노동부는 이 회사의 골재 채취작업에 대해 작업 중지명령을 내렸다. 즉 중대재해가 발생하는 사업장들은 작업 중지명령이 내려질 수 있고, 사고예방을 위해 추가로 투입되는 안전관리비용이 늘어날 수밖에 없다. 건설현장도 마찬가지다. 안전한 주택건설현장을 위해 추가 안전관리요원이 필요하게 될 것이고, 이 비용이 분양가격에도 녹아들 수밖에 없는 것이다.

여기에 건설현장의 임금도 분양가격을 올리는 데 영향을 줄 수 있다. 매년 적지 않은 진통을 겪고 있는 현장 노사의 임금협상 문제가 계속해서 커지고 있기 때문이다. 2022년 상반기 국내 물가 상승률이 3~6%까지 치솟으며 건설현장 근로자들의 살림살이가 나빠지자 파업이 일어나기도 했다.

3D업종 기피로 인해 발생하는 건설현장 구인난도 분양가 상승의 요인이 된다. 건설근로자공제회가 2021년에 발표한 자료를 보면, 2022년 건설업 총 인력 수요는 175만 4,000명으로 나타났고, 내국 인력 공급 가능 규모는 153만 9,000명으로 확인되었다. 내국인 부족 인력 21만 5,000명은 외국인을 고용해 충당할 수밖에 없는 상황인데, 고용허가제로 비자를 받아 합법적으로 입국한 외국인 근로자는 2022년 건설현장 기준으로 6만 5,000명에 그치는 것으로 조사되었다.

일반적으로 지하 공사는 한국인 노조원이 들어가고, 지상 공사는 외국인 근로자가 주로 맡는다. 문제는 코로나19로 외국인 근로자 입국이 제한적이라는 것이다. 국내 건설현장 수는 늘어났는데, 외국인 근로자 유입이 안 되어 인건비가 상승한 것이다.

지상부 형틀(거푸집) 작업을 위해 $1m^2$ 시공하는 단가가 2020년에 9,900원이었던 것이 2022년에는 1만 7,000원으로 70% 가까이 올랐다. 지하 작업 단가도 4만~5만 원에서 7만~8만 원으로 상승했다. 외국인 유입 제한에 따른 인력수급 불균형이 최대 70%의 인건비 상승으로 이어졌고, 그러다 보니 공사비가 올라가고 있는 것이다.

2022년으로 들어서면서 거리두기가 해제되고 있지만, 일하는 외국인의 국내 유입이 늘어나지 않으면서 현장에선 인력에 대한 문제가 커지고 있다. 결국 건설사들은 주택건설 지연을 막기 위해서라도 임금을 높이고, 그 비용을 분양가에 적용할 수밖에 없다.

이렇듯 주택을 짓는 가격이 갈수록 높아지고 있는 만큼, 분양가 상승은 어쩌면 당연한 상황이다. 그리고 이렇게 한번 올라간 분양가는 결코 쉽게 내려가지 않을 것으로 보인다.

윤석열 정부는 분양가를 올리더라도 대규모 주택공급을 통해 부동산시장 안정화를 이룰 것으로 보인다. 또한 건자재 가격이 안정되더라도 현재 건설현장에서 일할 근로자가 부족한 현실에서 공사비가 떨어질 가능성은 적으므로 분양가는 올라갈 것으로 전망된다.

금리 인상기, 내 재산을 지키는
부동산 투자 전략은?

비싸더라도 블루칩 아파트를 노려야 하는 이유는 오를 때 많이 오르고 떨어질 때 덜 떨어진다는 점에서 안전하기 때문이다. 특히 요즘 같은 부동산 양극화 시기에는 대체할 수 없는 입지에 위치한 비싼 아파트가 더 비싸질 가능성이 높다.

연이은 금리 인상 '빅스텝' 밟은 한국은행,
부동산시장에 미치는 영향은?

계속되는 한국은행의 기준금리 인상 기조를 놓고 내 집 마련을 한 집주인부터 세입자들까지 모두 관심이 뜨겁다. 기준금리 변경 여부가 일반 경제생활뿐만 아니라 부동산시장에 미치는 영향이 워낙 크기 때문이다.

관련 생태계를 알기 위해서는 우선 기준금리에 대한 이해가 필요하다. 기준금리에 대해서 간략하게 살펴보면, 기준금리는 중앙은행인 한국은행이 은행 등 금융회사와 예금이나 대출 같은 자금거래를 할 때 기준이 되는 금리를 말한다. 이 기준금리는 다양한 경로를 통해 우리 경제에 영향을 준다.

먼저, 한국은행이 기준금리를 인하한 경우 은행들이 한국은행에서 싸게 돈을 빌릴 수 있게 되었다는 것을 의미한다. 낮은 이자로 돈을 빌려올 수 있는 은행들은 예금금리를 내리지만 대출금리도 낮춰서 기업들이나 가계는 은행에서 더 저렴하게 돈을 빌릴 수 있다. 이에 기업이나 가계는 이자가 낮아진 예금을 줄이고 낮은 이자로 은행의 돈을 빌려 투자나 소비를 더 많이 하게 된다. 대출이자가 저렴하니 부동산이나 주식 등에 투자하는 사람들이 늘어날 것이고, 이에 따라 부동산 가격이나 주가가 상승할 가능성도 높다. 즉 기준금리 인하는 가계의 소비와 투자를 촉진하고, 자산가격 상승을 유도하며, 경제를 활성화시키는 효과를 가진다.

하지만 금리 인하가 무조건 긍정적인 영향만 주는 것은 아니다. 금리 인하로 경제가 활성화되지만, 물가 상승도 함께 이루어진다. 쉽게 돈을 빌릴 수 있는 만큼 부동산 가격도 급등한다. 또한 금리 인하로 인한 대출의 증가는 우리나라의 가계부채 문제를 심화시킬 수 있고, 가계부채가 걷잡을 수 없이 늘어날 경우 가계파산이나 은행부실과 같은 심각한 상황까지 초래할 수 있다.

반대로 한국은행이 기준금리를 인상하는 경우 은행의 예금 및 대출금리가 상승한다. 기업과 가계는 대출이자가 높아졌으니 돈을 덜 빌리고 저축하고자 할 것이다. 은행도 대출자들이 제대로 대출이자를 갚을 것인지 더욱 신경이 곤두설 것이다. 대출이 기존보다 어려워지면서 투자와 소비는 줄어들 것이고, 경제활동이 둔화되고, 물가는 상승할 가능성이 낮다. 이처럼 기준금리 인상은 물가를 안정시키는 반면 소비와 투자 등의 수요를 감소시켜 경제활동을 위축시킨다는 것을 알 수 있다.

기준금리 변동은 부동산시장에 지대한 영향을 끼친다. 2020년에 코로나19의 확산으로 침체된 경기를 살리고자 한국은행은 기준금리를 인하했고, 이에 대출이자가 저렴해지면서 많은 사람들이 부동산 투자에 뛰어들었다. 이는 부동산 가격이 상승하는 요인이 되었다고 할 수 있다. 하지만 2021년 말부터 한국은행은 기준금리를 인상하고 있는데, 이는 급상승한 물가를 바로잡고 부동산 가격을 조정하겠다는 것을 의미한다.

2023년 상반기까지 금리 인상 기조 이어질 듯, '똘똘한 한 채'에 주목하는 시장

기준금리 인상기에는 부동산시장이 위축될 수 있기 때문에 입지가 탄탄하고 수요가 많은 대체할 수 없는 부동산, 이른바 '똘똘한 한 채'의 영향력이 더욱 강해질 것으로 보인다. 대표적인 입지가 서울의 강남이다.

강남의 경우 다양한 교통망으로 편리한 접근성을 갖추고 있고, 생활인프라와 문화시설 등이 풍부해 전국구에서 투자수요가 많이 몰린다. 하지만 워낙 가격이 높아 일반적인 수요자들로서는 진입장벽이 상당히 높다.

그러나 똘똘한 한 채를 찾을 때 무조건 강남이나 서울만 고집할 필요는 없다. 수도권에서도 그렇고, 지방에서도 지역 내 핵심지역인 '지역 내 강남'으로 불리는 곳에 관심을 두어야 한다. 실제로 미분양이 극심한 지역에서도 똘똘한 한 채는 가격 방어가 안정적이다.

이를테면 입주 폭탄을 맞은 대구의 부동산시장이 대표적이다. 전국 시도별 가운데 미분양 물량이 가장 많은 대구는 2022년 7월 기준 7,523가구인 것으로 확인되었다. 불과 1년 전인 2021년 7월에는 미분양 물량이 1,148가구였지만, 1년 새 6,375가구가 증가해 무려 555.3%의 상승률을 보인 것이다. 그럼에도 '대구의 강남'으로 불리는 수성구의 경우 주거선호도가 높은 지역으로 다른 구(區)보다는 상대적으로 가격 방어가 안정적이다. 2021년 8월 수성구의 3.3m²당 아파트 평균 매매가격은 2,079.3만 원이었지만, 2022년 8월에는 2,091.1만 원으로 0.6%의 상승률을 보였다. 반면 달서구의 경우 2021년 8월 3.3m²당 아파트 평균 매매가격이 1,503.9만 원에서 2022년 8월 1,435.2만 원으로 4.6%의 하락률을 보였다.

부산도 이른바 '해수남(해운대구, 수영구, 남구)'의 가격 상승률이 다른 구에 비해 더 높다. 2021년 8월 해운대구의 3.3m²당 아파트 평균 매매가격은 2,298.0만 원이었지만, 2022년 8월에는 2,435.7만 원으로 1년간 6.0% 상승했다. 남구와 수영구도 같은 기간 각각 1,668.1만 원, 2,857.4만 원에서 1,778.5만 원, 2,960.8만 원으로 6.6%, 3.6% 상승률을 보였다. 반면 비교적 주거선호도가 낮은 부산 강서구의 경우 가격 상승폭도 낮은데, 부산 강서구의 3.3m²당 아파트 평균 매매가격은 2021년 8월 1,597.3만 원에서 2022년 8월 1,608.8만 원으로 0.7% 상승하는 데 그쳤다.

이런 데이터를 통해 불안한 부동산시장에서도 '똑똑한 한 채에 주목하라'는 투자의 기본 원칙만 잘 지키면 얼마든지 수익을 낼 수 있다는 것을 알 수 있다. 기본적으로 똑똑한 한 채를 고를 때 아파트 대단지나 브랜드, 개발호재, 입지 등 상황에 따라 다르지만 기준금리 인상기에는 그 지역 '블루칩'을 선택해야 한다. 서울 이외에 수도권이나 지방 대도시권의 랜드마크 아파트와 교통요지에 위치한 대단지 브랜드 아파트가 블루칩이다. 양호한 생활인프라와 뛰어난 상품력이 더해져 미래가치는 꾸준하고 수요도 풍부하기 때문이다.

비싸더라도 블루칩 아파트를 노려야 하는 이유는 오를 때 많이 오르고 떨어질 때 덜 떨어진다는 점에서 안전하기 때문이다. 문제는 다른 지역에 비교해 고가라는 점인데, 그만큼 안정적이고 확실한 곳에 투자하는 셈이다. '집값이 비싸면 수요가 없다'고 생각하는 경우가 있지만, 요즘 같은 부동산 양극화 시기에는 대체할 수 없는 입지에 위치한 비싼 아파트가 더 비싸질 가능성이 높다.

멈추지 않는 '부의 양극화', 지금이라도 부동산 대열에 합류하자

부의 양극화는 불경기가 지속되는 상황에선 더욱 뚜렷해진다. 결국 돈이 돈을 버는 시대는 멈추지 않을 것이고, 이 같은 양극화를 좁히기 위해서라도 소득 외에 자산가치를 높일 수 있는 부동산에 귀 기울일 수밖에 없다.

부동산시장에서도
양극화의 물결이 거세다

양극화의 사전적인 정의는 '서로 다른 계층이나 집단이 점점 더 달라지고 멀어지게 되는 것'이다. '부의 양극화'는 시간이 흐를수록 더욱 극심해지고 있다. 저소득층과 고소득층의 소득 격차는 물론이고, 자산의 격차 또한 갈수록 벌어지고 있다. 불균형과 분배구조의 악화에서 비롯된 양극화 현상은 과거부터 문제시되어 왔고, 이를 해소하기 위해 정부는 여러 방안들을 내놓지만 자본주의 세상에서 양극화를 줄이는 것은 한계가 있다.

부동산시장에서도 양극화 현상은 극심해지고 있다. 코로나19의 영향으로 찾아온 유례없는 저금리와 풍부해진 유동성, 아파트 공급 부족 사태 등으로 인해 전국 아파트 가격이 급등하자 이제는 지역별 아파트 가격 격차뿐만 아니라 무주택자와 다주택자 간의 자산가치가 크게 벌어졌다.

실제로 서울의 강남 아파트는 가격 방어가 상대적으로 괜찮은 반면, 같은 서울이라고 해도 서울 외곽에 위치한 아파트 가격은 강남의 아파트보다 상대적으로 가격 방어가 쉽지 않다. 이는 비단 서울뿐만 아니라 전국적인 상황이다. 지방에서도 핵심지역의 아파트는 생활인 프라가 우수하며 주거선호도가 높아 불황기에도 아파트 가격 하락폭이 적은 데다 호황기에는 가장 먼저 상승해 '안정적인 부동산 입지'로 통한다.

인플레 시대, 부동산시장 양극화가 시장에 미치는 영향은?

부동산시장의 양극화를 나타내는 대표적인 지표인 '전국 5분위 배율'은 갈수록 높아지고 있다. KB부동산의 주택가격 동향을 살펴보면 지난 2017년 5월만 하더라도 전국 하위 20%의 평균 아파트 가격은 1억 1,837만 원이었고, 상위 20%의 평균 아파트 가격은 5억 6,078만 원으로 배율이 4.7에 달했다. 하지만 2022년 8월에 전국 하위 20%의 평균 아파트 가격은 1억 2,346만 원으로 나타났고, 상위 20%의 평균 아파트 가격은 12억 4,749만 원으로 조사되어 5분위 배율이 10.1에 달하는 것으로 확인되었다.

'서울의 국민평형'으로 불리는 전용면적 84m²의 아파트는 지역, 브랜드, 상품성에 따라 10배의 차이를 보였다. 서울 성북구 정릉동에 위치한 '정릉중앙하이츠아파트' 전용면적 84.71m²의 경우, 2022년 5월 14일에 4억 5,500만 원(3층)에 실거래가 이루어진 것으로 확인되었다. 하지만 서울 서초구 반포동 일대에 있는 '아크로리버파크' 전용면적 84.98m²는 지난 2022년 4월에 44억 원(22층)에 거래가 이루어지면서 5분위 배율이 약 10배에 달하는 것으로 확인되었다.

이 같은 부의 양극화는 불경기가 지속되는 상황에선 더욱 뚜렷해진다. 자산가들은 더욱 안정적인 수익을 기대할 수 있는 부동산을 계

전국 5분위 평균 아파트 가격과 5분위 배율

기간	1분위(A)	2분위	3분위	4분위	5분위(B)	5분위배율(B/A)
2017년 5월	11,837	19,332	26,310	35,471	56,078	4.7
2018년 8월	11,590	19,130	26,598	37,245	64,591	5.6
2019년 8월	10,987	18,466	26,643	39,004	69,773	6.4
2020년 8월	10,983	19,198	29,257	46,081	86,630	7.9
2021년 8월	12,368	23,770	39,383	61,921	107,366	8.7
2022년 8월	12,346	26,380	42,819	65,869	124,749	10.1

1) 5분위 평균 주택가격은 주택가격을 가격순으로 5등분한 5개 분위별 평균 주택가격 참고
2) 주택가격 5분위 배율은 주택가격 상위 20% 평균(5분위 가격)을 주택가격 하위 20% 평균(1분위 가격)으로 나눈 값이며 고가주택과 저가주택 간의 가격 격차를 나타내는 것으로, 배율이 높을수록 가격 격차가 심하다는 것을 의미

<자료_KB부동산 리브온>

속해서 사들일 것이고, 그러다 보니 양극화 현상이 더욱 심해질 수밖에 없다. 특히 지역 내 최상급지는 누구나 입성을 원하는 궁극적인 '부동산 투자의 최종 종착지'인지라 가격이 비싸더라도 사람들이 항상 몰릴 것이다.

결국 돈이 돈을 버는 시대는 멈추지 않을 것이고, 이 같은 양극화를 좁히기 위해서라도 소득 외에 자산가치를 높일 수 있는 부동산에 귀 기울일 수밖에 없다. 그러기 위해선 무리하지 않는 범위 내에서 부동산시장에 일찍 참여해 무주택자에서 벗어나는 데 집중하는 것이 좋다.

남의 말을 듣고 투자하고, 운을 탓하는 시대는 지났다. 분양광고
에서 하는 말이나 언론보도 내용을 곧이곧대로 수용하면 내 집
마련이나 탁월한 투자의 기회를 놓쳐버릴 수도 있다. 결국 본인
스스로 통계를 잘 살펴보고, 부동산시장에 영향을 주는 변수들
을 유기적으로 파악해 해석할 줄 알아야 한다.

데이터와 친해진다면 주변에서 말하는 이야기가 잘못된 내용인
지, 맞는 내용인지 구분할 수 있을 것이다. 이제는 누구나 경제
관련 빅데이터들을 손쉽게 구할 수 있는 만큼, 조금만 관심을 갖
는다면 나무가 아닌 숲을 볼 수 있는 눈을 기를 수 있다.

빅데이터로 부동산시장을 예측하다 _ 거품과 호황을 판단하는 기준

건설사가 숨기는 마케팅 전략, 회사보유분과 평당 분양가

건설사들은 다양한 분양 마케팅을 내세우며 소비자들을 끌어모으고 있다. 건설사들의 마케팅에 현혹되지 않기 위해서는 분양공고는 물론 옵션 비용과 현장 입지, 발품을 팔아 확인한 주변 시세 등을 반드시 체크해야 한다.

미분양 아파트 마케팅의
불편한 진실

부동산시장이 침체된다면 건설사들의 미분양 물량이 쌓이게 된다. 상황에 따라 매수 심리가 위축되어 미분양이 증가하거나 고분양가가 책정되어 미분양이 될 수도 있다. 여러 가지 복합적인 원인으로 주택시장에 미분양 적체가 쌓이면 건설사들도 미분양을 털기 위해 다양한 마케팅에 나선다.

대표적인 미분양 마케팅은 '회사보유분으로 둔갑시키는 것'이다. 흔히 신문광고나 인터넷에서 분양광고를 살펴보면 '회사보유분 특별분양'이라는 키워드가 담긴 분양광고를 쉽게 접할 수 있다. 과거 부동산시장이 활황이었던 때에는 일부 로열층을 임직원용으로 보유하거나 시공사가 공사대금 대신 현물로 받는 것이 회사보유분이었지만, 요즘에는 회사보유분으로 홍보하는 대부분의 물량이 미분양 물량이라 해도 과언이 아니다.

건설사들이 미분양 물량이나 계약 해지분을 회사보유분으로 바꿔서 광고하는 이유는 간단하다. '미분양'이나 '계약 해지'라는 표현은 부정적인 이미지가 강해서 판매하기가 어려워지니 '회사보유분'이나 '선착순 분양'이나 '특별분양'이라는 단어로 우회시켜 표현하는 것이다.

일부 분양 물건 중에서는 입주지원금이나 잔금 유예, 관리비 ○○년 면제 등을 지원하고, 분양가 혜택이나 금융 혜택까지 주어진다. 하지만 이 같은 혜택도 대외적인 광고일 뿐, 기존에 분양받았던 사람들이 항의할 것이 뻔하기 때문에 대부분 그럴듯한 용어로 포장하거나 한정된 소수 물량에만 혜택을 주는 것처럼 표현된다.

파격적인 혜택을 주면 오랫동안 팔리지 않는 미분양 물건일 수도 있는 만큼, 회사보유분이나 특별분양 등의 단어에 현혹되어선 안 된다. 물론 왜 미분양으로 남았는지, 왜 특별분양을 하는지 꼼꼼히 따져봐야 하겠지만, 건설사가 말하는 모든 말들을 그대로 믿어선 안 된다는 것이다.

길거리에 걸려 있는 '평당 900만 원대 아파트 분양'이라는 현수막도 마찬가지다. 저렴한 분양가에 관심이 생길 수도 있겠지만 홈쇼핑에서 '마감 임박'이라는 멘트에 다급하게 전화번호를 누르는 것처럼 아파트 분양시장에서도 '마감 임박'과 같은 마케팅이다. 또한 '인근 시세 대비 평당 100만 원 저렴한 분양가' '조만간 정책이 바뀌고 부동산 가치가 오른다' '지하철역이 들어온다' 등의 키워드로 유혹하는 강한 마케팅이 있다. 이런 말만 곧이곧대로 듣고 큰돈을 주고 샀다가는 나중에 땅을 치고 후회할 수가 있다.

조급해할 필요가 없다, 건설사들은 어떻게 마케팅하는가?

스마트한 소비자는 우유를 사더라도 1ml당 가격을 비교한 후에 구매한다. 그러니 상당한 금액으로 사들이는 부동산을 매입할 때도 반드시 $3.3m^2$당 가격을 따져봐야 할 것이다. 특히 평당 분양가에는 숨겨진 진실이 있다. 그 진실은 바로 '평균의 덫'이다.

보통 같은 아파트라도 중소형 평형은 분양가가 평균보다 높고, 대형은 낮게 책정된다. 또한 층수와 향, 동, 타입별로 분양가 차이가 크다. 하지만 건설사들은 전체 평균으로 평당 분양가를 책정해 분양가를 낮게끔 보이도록 한다.

인근 대비 시세보다 저렴한 분양가에 대해서도 따져볼 필요가 있다. 건설사들은 가격 차이를 크게 부각시키기 위해 사업지 분양가를 주변의 가장 고가의 아파트와 비교한다. 여기에 분양한 아파트의 시세는 흔히 알고 있는 '실거래가'가 아닌 집주인이 팔기 위해 내놓은 '호가'를 적용한다는 사실도 알아야 한다.

무엇보다 건설사가 제시하는 분양가는 분양 면적을 기준으로 책정된다. 분양 면적은 전용면적에 공용면적을 합친, 즉 공급면적을 말한다. 예를 들어 평당 분양가가 3,000만 원이라는 아파트가 있다면, 이 아파트의 전용면적 $84m^2$의 분양가는 '$3.3m^2$=1평'으로 계산해 7억 5,000만 원이 된다. 하지만 건설사가 제시하는 분양가는 분양 면적을 기준으로 하기 때문에 실제로 이 아파트의 전용면적 $84m^2$의 분양가는 34평으로 계산해 10억 2,000만 원이 나온다. 전용면적을 기준으로 계산하면 $3.3m^2$당 분양가는 4,080만 원으로 훨씬 더 비싸진다. 건설사들의 분양광고는 전용면적으로 홍보하면서 분양가는 분양 면적 기준으로 표시해 평당 분양가가 낮아 보이게 현혹하는 것이다.

스마트한 소비자라면 전용률을 따져보는 것이 좋다. 전용률은 아파트 분양 면적에서 전용면적이 차지하는 비율이다. 같은 34평 아파트라고 할지라도 어느 집은 좁아 보이는 경우가 있는데, 이는 전용면적이 상대적으로 작고 공용면적이 상대적으로 크기 때문이다.

또한 서비스 면적도 잘 따져봐야 한다. 일반적으로 서비스 면적은 분양가에서 제외된다. 같은 가격에 더 넓은 공간을 사용할 수 있으니 훨씬 유리하기 때문에 반드시 서비스 면적을 체크해봐야 한다.

건설사들은 다양한 분양 마케팅을 내세우며 소비자들을 끌어모으고 있다. 그러므로 소비자들은 더욱 스마트하게 판단해야 한다. 건설사들의 미분양 마케팅에 현혹되지 않기 위해서는 특별분양이나 회사 보유분이라는 말을 긍정적으로 여기지 않아야 하고, 분양공고는 물론 옵션 비용과 현장 입지를 확인해야 하고, 직접 발품을 팔아 주변 시세 등을 체크해봐야 할 것이다.

부동산 폭락론 vs. 폭등론,
무엇이 진실인가?

매번 달라지는 부동산 정책과 경제 상황이 어떻게 흘러갈지는 아무도 모르지만, 부동산시장은 장기적으로 봐야 하는 만큼 단순히 오르내리는 부동산 지표를 보고서 섣부른 판단은 하지 말아야 한다.

부동산 전망을 둘러싼 팽팽한 기싸움,
폭락론과 폭등론이 말하는 근거

"집값이 너무 비싸서 도저히 살 엄두가 나질 않습니다."

"어차피 집값은 올라가게 되어 있습니다. 가격이 조정되면 줍줍찬스로 삼아야 합니다."

부동산시장에서는 폭등론자와 폭락론자가 존재한다. 이 두 세력 간의 부동산시장 전망은 첨예하게 갈린다. 결국 집값이 올라가게 되어 있다는 분석과, 급등한 집값은 거품이 끼어 있기 때문에 내려올 수밖에 없다는 분석 간의 논쟁이 팽배하다.

이 같은 폭등론자와 폭락론자의 치열한 논쟁은 과거에서부터 계속해서 이어졌기 때문에 오늘날만의 문제는 아니다. 각자의 근거를 내놓으며 부동산시장을 전망하는 것을 들어보고 있으면 양쪽 다 충분히 이해되는 말이다. 영원한 상승은 없고 영원한 하락은 없겠지만, 폭등론자와 폭락론자가 말하는 근거를 알아두면 부동산시장을 전망하는 데 조금 더 도움이 될 수 있다.

부동산 폭락론자들이 말하는 3가지 근거

우선 부동산 폭락론의 가장 큰 근거는 '비정상적인 주택구입부담지수, 증가하는 미분양과 공급물량, 인구감소와 고령화로 인한 붕괴' 등을 꼽을 수 있다.

폭락론의 첫 번째 근거는 주택구입부담지수가 너무 높아져서 주택 실수요가 줄어 부동산 가격이 하락한다는 것이다. 한국주택금융공사의 주택금융지수를 살펴보면 2022년 1분기 전국 주택구입부담지수가 84.6%로 조사되었다. 2017년 1분기만 하더라도 전국 주택구입부담지수가 59.3%이었지만 5년간 42.7%나 급증해 단기간에 너무 큰 폭으로 올랐다고 그들은 분석한다. 특히 서울 지역의 경우 주택구입부담지수가 5년간 2배 가까이 증가했다. 2017년 1분기 서울 주택구입부담지수가 103.6%이었지만, 2022년 1분기에는 203.7%로 나타난 것이다. 한국주택금융공사가 관련 통계를 작성하기 시작한 2004년 이후 200%를 넘은 것은 이번이 처음이다.

여기서 말하는 주택구입부담지수는 중위소득 가구가 표준대출을 받아 중간가격 주택을 구입할 때 대출 상환 부담을 지수화한 것으로,

이 지수가 200%를 넘으면 소득의 절반 이상을 주택담보대출을 갚는데 쓰인다는 의미다. 서울의 집값이 너무 높아져 대출이 감당할 수 없을 만큼 높아진 데다 2021년 말부터 기준금리가 상승한 것을 봤을 때 한국은행이 기준금리를 낮추지 않는 한 높은 대출이자를 감당하지 못하고 급매물들이 쏟아져 나온다고 보는 것이다. 그러므로 서울을 중심으로 부동산 가격이 높아진 것인 만큼 서울에서 부동산 가격이 내려간다면 전국 집값도 폭삭 내려앉을 것이라는 주장이다.

폭락론의 두 번째 근거로는 공급 폭탄, 증가하는 미분양 물량이 흔히 제시된다. 서울의 입주물량은 감소하고 있지만, 문재인 정부의 공급 계획과 더불어 윤석열 정부도 막대한 주택공급을 추진하겠다고 밝힌 만큼 주택이 증가해 수요를 채우고도 남아돌 것으로 보는 것이다. 여기에 미분양 물량도 늘어나고 있다는 점도 집값 하락의 시그널이라고 분석하고 있다. 실제로 2021년 6월 전국 미분양 주택 물량은 1만 6,289가구에 머물렀지만, 2022년 6월에는 2만 7,910가구로 1년 만에 1만 1,621가구나 늘어 71.3%의 증가율을 보였다. 이처럼 미분양 물량이 빠르게 증가하면서 주택이 쌓여가고 있어 집값에도 부정적 영향을 줄 것이라고 그들은 분석한다.

폭락론의 세 번째 근거는 저출산으로 인한 인구감소와 고령화 등으로 인해 일본식 버블 붕괴와 장기 침체가 올 수 있다는 것이다. 흔히 우리나라 경제와 인구구조가 일본과 비슷하다고 한다. '잃어버린 30년'을 겪은 일본을 우리가 답습할 수 있다는 주장이다. 실제로 우리나라 인구는 급격하게 줄어들고 있다. 통계청에 따르면 우리나라 인구는 2020년에 5,183만 명으로 최고치를 기록한 뒤 2030년에는

5,119만 명으로 줄어들고, 2040년엔 5,019만 명, 2050년에는 4,735만 명으로 급격하게 낮아질 것으로 전망하고 있다.

특히 실질적인 노동 공급을 담당하며 경제의 기초 체력이라고 평가받는 생산가능인구가 대폭 하락하고 있다. 2020년에 3,738만 명인 생산인구는 2050년에 2,419만 명이 될 것으로 전망하고 있다. 합계 출산율도 2021년 0.81명으로 홍콩(0.75명)을 제외하면 전 세계 중 가장 낮은 수준으로 추정되면서 부동산을 찾는 수요가 감소해 가치가 떨어질 것이라고 그들은 예상한다.

여기에 3기 신도시 개발이 본격화되면 실수요자가 대기수요로 돌아서면서 집값이 하락할 수 있다는 것이 그들의 논리다.

부동산 폭등론자들이 말하는 3가지 근거

반대로 부동산 폭등론자들은 '화폐가치 하락으로 인한 실물 가치 상승, 서울의 부족한 입주물량, 묶여 있는 부동산 규제' 등의 3가지 근거로 부동산 가격이 상승할 것이라고 전망하고 있다.

폭등론자들의 첫 번째 근거는 화폐의 가치는 하락하지만 실물자산인 부동산의 가치는 상승하게 되어 부동산 가격이 올라간다고 보는 것이다. 즉 시간이 흐를수록 통화량과 화폐가치의 하락이 이어지고 실물 가치는 높아질 수밖에 없다는 것이다. 예를 들어 지난해 1,000원 하던 아이스크림이 올해 1,500원이 되는 식으로 부동산 가격도 세계적인 경제위기가 없는 한 계속해서 상승할 수밖에 없다고 보는 것이다.

집값이 폭등할 것이라는 두 번째 근거는 여전히 부족한 서울의 주택공급이다. 부동산업계에 따르면 2020년 서울 아파트 입주물량은 4만 9,525가구에서 2021년 3만 2,689가구, 2022년 2만 2,092가구로 줄었고, 2023년에는 2만 3,975가구로 2022년보다 소폭 증가하지만 2024년에는 1만 1,881가구로 급감할 전망을 보이면서 여전히 입주물량은 부족하다는 것이다. 그래서 서울을 중심으로 주택가격이 떨어지기는 어렵다고 그들은 분석한다.

묶여 있는 부동산 규제는 집값 상승의 세 번째 근거다. 윤석열 정부가 내놓은 공약 상당수가 법 개정이 이루어져야 하는데 야당에서 쉽게 협조하지 않겠지만, 결국은 규제 완화로 가치 상승이 이루어질 수 있다는 것이다. 현재 규제 완화에 정책 초점이 맞춰져 있는 만큼, 재건축·재개발뿐만 아니라 세금 부분에 있어서도 규제가 완화된다면 구축 아파트는 물론 빌라들도 재개발을 노려서 부동산시장 활성화로 다시 급등할 수 있다는 분석이다.

폭등론자의 미분양과 기준금리에 대한 인식도 폭락론자와는 다르다. 미분양 물량이 늘어나고 있다고 하지만 대부분 1개 동의 나 홀로 아파트이거나 입지가 부족한 곳이라고 분석하는 것이다. 실제로 리먼 브라더스 파산으로 집값이 침체한 2008년 당시 전국의 미분양 물량이 16만 5,599가구였던 것과 비교하면 아직 미분양 물량은 그렇게 크지 않다는 것이다.

또한 폭등론자들은 2021년부터 시작된 기준금리 인상도 향후 시장이 회복되면 다시 금리가 내려갈 수 있다고 본다. 실제로 인플레이션이 완화되면 각국 중앙은행이 금리 인상을 조절하고 일부 우려대로 경기침체가 본격화되면 다시 금리를 내릴 수 있다는 것이다.

폭등론과 폭락론,
나름의 근거가 있더라도 맹신은 금물

사실 폭등론과 폭락론은 정권 교체 때마다 매번 나오는 말이다. 문재인 정부 시절에 제기된 폭등론·폭락론 주장도 충분히 근거가 있고 일리가 있었다. 하지만 이런 지표만으로 미래 부동산을 예측하는 것은 다소 한계가 있다.

2008년 미국의 금융위기 사태와 2020년 코로나19가 발생할 줄은 아무도 몰랐던 것처럼, 2023년 이후의 미래 경제가 어떻게 흘러갈지 예측하기란 대단히 어렵다. 미래에 대한 전망은 통계뿐만 아니라 정책이나 세계 경제까지 고려해야 하기 때문에 결국 개인의 안목을 기르는 수밖에 없다. 또한 입장이 다르다고 해서 무조건 듣기를 거부하면 안 된다. 그리고 입장이 다르다고 해서 잘못된 통계라 판단하는 일도 없어야 할 것이다.

실제로 부동산 전문가들도 미래 부동산시장을 전망할 때 조심스럽지만, 매번 입장이 변한다. 단순히 지표뿐만 아니라 정책까지 살펴봐야 하기 때문이다. 매번 달라지는 부동산 정책이 어떻게 전개될지, 그리고 경제 상황이 어떻게 흘러갈지는 아무도 모른다. 부동산시장은 장기적으로 봐야 하는 만큼 단순히 오르내리는 부동산 지표를 보고 섣부른 판단은 하지 말아야 한다.

부동산 통계들을 정확하게 보는 눈을 키워라

부동산 통계들은 시장을 살펴보고 미래를 어느 정도 전망할 수 있다는 점에서 상당히 유용한 지표다. 하지만 통계만을 맹신해서는 안 되며, 여러 데이터를 비교해서 봐야 하고, 이를 읽고 분석할 줄 아는 힘을 길러야 한다.

감과 운으로 투자하는 시대는 끝났다, 부동산 통계들을 살펴봐야 하는 이유

부동산시장을 파악하기 위해선 다양한 통계들이 사용된다. 한국은행의 기준금리부터 시작해 경제성장률, 인구변화, 일자리, 분양물량, 입주물량, 인허가물량, 착공물량, 청약경쟁률, 미분양, 실거래가, 거래량, 주택보급률, 공실률 등 수많은 부동산 지표가 있다. 이러한 데이터들은 인터넷에 검색만 하면 누구나 손쉽게 찾아볼 수 있기 때문에 꼭 한 번씩 찾아보는 것이 좋다.

부동산시장에 결정적인 영향을 주는 통계는 다양하지만 부동산을 매입하기에 앞서 가장 구체적인 시세를 확인할 수 있는 '실거래가'는 분명히 유용한 자료 중 하나다. 부동산 공인중개사에게 확인하는 시세의 경우 집을 내놓을 때 부르는 '호가'로 형성되어 있지만, 실거래가는 '실제로 거래가 이루어진 금액'이 기록되어 있어 시세를 파악하는 데 훨씬 유용하다.

다만 실거래가에서도 부족한 부분이 있다. 같은 아파트 단지라고 하더라도 가구 수가 많은 대단지의 경우 동마다 가격 차이가 천차만별이고, 프리미엄도 층수에 따라 달라질 수 있다. 국토교통부의 실거래가 데이터를 보면 아파트의 층수까지는 기록되어 있지만 동호수는 정확하게 나타나지 않는다.

예를 들어 서울 송파구에 위치한 '헬리오시티'는 9,510가구에 달하는 미니 신도시급 규모로 워낙 큰 단지다 보니 동별로 송파역까지의 거리 차이도 상당하다. 지하철역과 가까운 동은 걸어서 2~3분대에 갈 수 있지만, 역에서 가장 먼 동의 경우 걸어서 15분 이상 소요된다. 물론 지하철역과 멀리 떨어져 있는 동은 공원과 가깝다는 장점이 있지만, 대단지일수록 동별 가격 차이가 있다는 점을 알아야 한다. 그리고 저층 테라스의 경우 기준층과 가격이 동일할 수도 있고, 기준층보다 비싸게 분양되기도 하기 때문에 저층이라고 해서 모두 가격이 낮은 것만은 아니다.

정부 공식 부동산 통계작성기관인 한국부동산원의 아파트 매매·전셋값 지수도 시세를 제대로 반영하지 못하고 있다는 지적이 있다. 2022년 상반기에 거래량이 줄어들면서 실거래 없는 지역이 속출하고 있는 상황에서 한국부동산원이 매매가격이 하락했다고 발표한 사례도 있었다.

실제로 2022년 7월 7일 한국부동산원은 2022년 6월 28일~7월 4일 주간 가격동향 조사에서 광진구(-0.04%) 등 가격 하락률이 서울 평균(-0.03%)보다 높다고 발표했다. 하지만 국토교통부의 실거래가 공개 시스템에 따르면 6월 28일~7월 4일 동안 해당 지역에서 실거래가 이루어진 아파트는 단 1건도 없었다. 이 외에도 강북구와 종로구에서 실거래는 단 1건에 불과했지만 가격 하락률은 -0.08%, -0.04%로 발표되었다.

실거래가 이루어지지 않았지만 가격변동률이 천차만별인 이유는 기본적으로 국토부 실거래가로 가격을 입력하지만 이 외에도 호가, 매물증감, 시장 상황, 중개사들의 의견을 종합해 정리하기 때문이다. 거래가 없으면 '0'으로 표기하거나 주간통계 대신 월간통계로 기간을 넓혀 발표해야 하는데, 주간으로만 가격을 입력해야 하므로 이런 일이 발생하는 것이다. 일각에선 정부 기관이 실제 거래와 다르게 충분히 가격을 조작할 수도 있다고 지적한다.

이 같은 이유로 정부 통계 한국부동산원과 민간 통계 KB부동산의 가격 간에 시세 차이가 있다. 두 통계 간의 가장 큰 차이는 한국부동산원은 350명이 조사하고, KB부동산은 전국 4,000여 개 중개업소에서 표본 가구 가격을 입력한다는 점이다.

한국부동산원이 참고하는 실거래가는 30일 이내에만 신고하면 되기 때문에 실제 실거래가가 곧바로 올라오는 경우가 드물어서 한국부동산원 직원이 온라인상의 호가와 중개사 의견 등을 감수할 수밖에 없다. KB부동산도 중개사들이 실제 가격을 왜곡해 입력할 수 있으나, 이를 방지하기 위해 표본 가구당 2개 중개사가 수치를 입력하게 한다. 이 수치가 이상하면 직원이 문의하고 확인한다.

2020년만 하더라도 표본 수에서 큰 차이를 보였다. 2020년에는 한국부동산원의 전국 아파트 표본이 9,400채에 불과했지만, KB부동산은 표본이 3만 6,300채로 한국부동산원보다 KB부동산의 통계가 압도적으로 많았다.

결국 부동산 시세 현황을 볼 때 KB부동산 통계가 부동산 시세를 조금 더 정확하게 반영했다. "한국부동산원이 시세를 제대로 반영하지 않는다"는 지적이 끊임없이 이어지자 표본의 수를 3만 2,000가구까지 확대시키긴 했지만, 분명한 점은 정부기관에서 운영하는 통계인 만큼 집값 변동에 조금 더 보수적이라는 것이다.

어느 통계가 더 정확하다고 말할 순 없지만, 한국부동산원보다 KB부동산이 더 많은 표본으로 시세에 근접하다고 보여진다. 하지만 정부는 한국부동산원의 통계를 근거로 정책을 내놓기 때문에 한국부동산원의 통계도 무시할 수 없다는 점을 참고해야 한다.

부동산시장의 수요와 공급을 쉽게 알 수 있는 지표 중 하나로 꼽히는 '미분양 통계'에도 빈틈이 있다. 국토교통부가 매달 발표하는 이 통계는 과잉 공급을 쉽게 알 수 있어 부동산 기사에서도 흔히 볼 수 있는 데이터다. 미분양이 증가했다는 것은 수요보다 공급이 많아 가격 하락을 예측할 수 있고, 반대로 미분양 물량이 줄어들면 수요가 많아 집값이 올라갈 수 있다고 전망할 수 있다.

하지만 이 같은 미분양 통계도 크게 신뢰할 수 없다는 지적이 있다. 미분양 통계의 경우 건설사나 시행사가 자치구에 신고하는 그대로를 단순 집계한 통계다. 그렇기 때문에 제멋대로 신고한다면 통계 수치가 완전히 바뀔 수 있다.

실제로 일부 업체에서는 미분양 주택으로 낙인찍히는 것을 우려해 미분양 물량을 애초에 줄여서 신고하는 경우도 흔하다. 이에 국토부는 "건설사나 시공사가 허위 신고를 해도 검증하기가 어려워 오류가 생길 수밖에 없는 구조"라고 해명하기도 했다.

부동산시장에 영향을 주는 변수를 유기적으로 파악해야 한다

이처럼 부동산 통계에도 부족한 부분이 분명히 존재한다. 그럼에도 불구하고 부동산 투자자라면 참고는 반드시 해야 한다.

부동산에 결정적인 영향을 미치는 일자리도 알아두면 좋다. 양질의 일자리와 탄탄한 고정 수입은 소비 촉진으로 이어지고, 결국 경기 회복을 통해 집값 상승을 견인하는 주된 요소가 되기 때문이다.

실제로 기업 수요가 집값을 끌어올리는 사례는 이미 곳곳에서 입증되었다. 대기업 본사가 밀집한 서울 강남이나 한국의 실리콘 밸리인 판교와 대규모로 공공기관이 이전한 충청권의 세종시도 대표적인 예다.

부동산 통계들은 시장을 살펴보고 미래를 어느 정도 전망할 수 있다는 점에서 상당히 유용한 지표다. 하지만 통계는 충분히 조작할 수 있고, 평범한 그래프에서 매력적인 그래프로 편집될 수도 있다. 그러므로 통계만을 맹신하는 것은 금물이며, 여러 데이터를 비교·분석할 줄 아는 힘을 길러야 한다.

부동산 통계는 작성 기관과 작성 시점에 따라 다른 해석을 할 수 있다. 그러므로 권위 있는 기관에서 작성한 부동산 통계와 더불어 민간 통계도 함께 분석하는 것이 부동산 흐름을 파악하는 데 좋은 길잡이가 될 수 있다.

# 광고는 광고일 뿐,
허위·과장 분양광고가 판치는 이유

아파트를 분양받기 전에 기반 시설과 관련된 광고에 의문이 든다면 해당 기관에 직접 문의해보는 노력이 필요하다. 전 재산의 대부분을 투자하는 만큼 철저하게 체크하고 확인해야 할 것이다.

생긴다던 학교가 안 들어온다?
부동산 광고의 진실

"아버지는 말하셨지, 인생을 즐겨라~ 재미나게 사는 인생, 자 시작이다~"

한 카드사에서 만든 이 광고는 참 말이 많았던 광고 중 하나다. '풍속을 저해한다, 과소비를 조장한다' 등의 말이 많았지만 광고인들은 '성공한 광고'라며 엄지를 치켜세우는 광고다. 그도 그럴 것이 이 광고로 인해 여러 가지 패러디도 나오고, 사람들 입에서 많이 오르내리며 인지도를 크게 높였기 때문이다.

이런 광고들은 제품을 소비자가 구매하도록 자극하거나 제품에 대해 긍정적 이미지를 부여하고, 또한 기업 비전을 알리는 데 사용한다. 그뿐만 아니라 광고는 매출에도 큰 영향을 미치기 때문에 기업들은 광고비를 아낌없이 사용하고 있다.

건설사들도 아파트 분양광고를 위해 수백억 원을 쏟아붓고 있다. 이러한 막대한 광고비들은 유명 모델을 섭외해서 분양 사업지를 알리는 데 사용한다. 광고를 통해 명품 주거공간 이미지를 인식시켜 순조롭게 분양이 이루어질 수 있도록 한다. 하지만 일부 건설사들은 광고와 다른 내용으로 시공하거나, 현실화되지 않는 개발호재를 광고해 소비자들을 혼란스럽게 만들기도 한다.

실제로 아파트 분양을 받을 때 건설사로부터 받은 안내 책자에서는 '분양 아파트 인근에 학교가 들어선다'며 학교 예정 부지로 지도까지 만들어놓으며 홍보하고 분양했지만, 실상 학교가 들어서지 않았던 경우도 있다. 학교 부지로 홍보해서 분양해왔음에도 불구하고 분양이 끝난 시점에 일부 건설사들은 "학교나 도로 등의 기반 시설 건립은 직접 관여할 수 없다"며 모르는 체하는 것이다. 실제로 택지 개발계획에 따라 학교용지가 지정되고 학교가 신설되기 때문에 건설사가 이를 해결할 수 없지만, 이를 대대적으로 광고하고 분양했음에도 아무런 책임을 지지 않는 것이다.

신도시 기반 시설과 학교의 경우 아파트 분양광고와 달리 일정이 제때 이루어지지 않아 곤란한 상황에 처하는 경우도 흔하다. 학교의 경우 교육청이 아파트 입주율과 학생 수 등을 면밀하게 고려해 장기적인 관점에서 결정하기 때문에 부지만 있다고 해서 학교가 들어선다는 확정을 지을 수 없으며, 입주와 동시에 개교하는 곳도 드물다.

아파트 입주자들은 계획된 학교가 설립되지 않아 건설사들을 상대로 소송해 손해배상을 받거나 아파트 분양 자체를 철회하고 싶어도 건설사와의 합의가 이루어지지 않는 것이 현실이다. 과거에는 건설사들이 과대 포장한 광고를 많이 쏟아내왔지만, 지금은 법적으로 문제될 만한 광고는 걸러내는 시스템으로 정착되었다. 대형 건설사들의 경우 사내 법률팀에서 다소 과장된 측면이 있는 광고를 할 때 법률 전문가의 조언을 받아 빠져나갈 구멍을 만들어놓는다.

법원도 국가 및 지자체의 도시계획에 의해 조성될 교통, 교육, 행정, 문화, 편의시설 등에 대한 분양광고라면 특별한 사정이 없는 한 실현 가능성을 과장해 광고를 했다고 하더라도 소비자를 기만한 행위라고 볼 수 없다고 판단했다. 다만 분양계약 체결을 좌우할 정도로 중요한 입지 계획이 변경되거나 폐지될 가능성을 고지하지 않았다면, 신의성실의 원칙에 비춰 수분양자가 허위·과장 광고에 대한 피해자로 구제받을 수 있다.

실제로 경기 양주시의 한 아파트 입주자들은 학교 신설과 관련해 건설사가 허위 광고를 했다며 소송을 제기했으나 결국 패소했다(《대법원 2016.1.14 선고 2014다 72487 판결》). 법원은 분양광고에서 학교의 설립 시기가 특정되지 않았고, 아파트 옆 학교 신설이 계획되어 있다는 인상을 주는 정도여서 허위·과장 광고로 보기 어렵다고 판결했다. 즉 학교 설립이 무산되더라도 시기가 명확하게 나오지 않았기 때문에 건설사의 책임이 없다고 본 것이다.

계약은 소비자의 판단,
광고만 믿지 말고 입지 사전조사는 필수

반면 소송에서 승소한 경우도 있다. 지난 2010년 부산 S아파트 수분양자들은 입주 전 아파트 앞에 해양 공원이 조성될 것처럼 부풀리고, 경전철이 확정된 것처럼 대대적으로 광고한 건설사를 상대로 소송을 진행했다. 법원은 건설사가 아파트와 연계된 사업으로 광고한 해양 공원이 조성되지 않아 수분양자들이 입은 정신적 손해에 대한 보상 의무가 있다고 판단했다. 이 같은 소송으로 수분양자들은 무려 10년 만에 분양가의 5%를 돌려받을 수 있었다.

하지만 대법원은 전매로 수분양자의 지위가 양도된 경우에는 허위·과장 광고로 인한 손해배상청구권도 당연히 양도되는 것이 아니며 분양계약 해제로 인한 손해도 소멸한다고 판단해 재고의 여지를 남기기도 했다.

2013년에는 '영종하늘도시 아파트' 수분양자 2,000여 명이 건설사를 상대로 집단소송에 나섰다. 2009년에 시공사가 아파트를 분양하면서 제3연륙교와 제2공항철도 등이 개통되고 대규모의 문화·레저시설이 들어선다고 광고했지만, 대부분의 사업이 연기되거나 무산되었기 때문이다. 수분양자들은 광고를 믿고 계약했는데 사업이 이행되지 않아 큰 손해를 입었다며 계약해제를 주장했다. 이에 대법원은 허위 광고 사실을 일부분 인정했지만, 수분양자들은 분양금의 5%만 돌려받고 분양계약은 해제되지 않았다.

이처럼 아파트 준공이 다가와서 건설사의 광고가 허위·과장 광고로 밝혀졌다고 하더라도 피해 구제를 받는 건 현실적으로 쉽지 않다.

입주민 등과 소송하더라도 대형 로펌을 끼고 있는 대기업 건설사를 상대로 승소하기는 어렵다는 사실을 알 수 있다.

결국 소비자들이 더욱 현명하고 꼼꼼하게 행동할 수밖에 없다. 아파트를 분양받기 전에 기반 시설과 관련된 광고에 의문이 든다면, 해당 기관에 직접 문의해보는 노력이 필요하다. 전 재산의 대부분을 투자하는 만큼 철저하게 따져보고 확인해야 한다.

시세보다 저렴한 지역주택조합, 무엇을 조심해야 하나?

> 지역주택조합은 수많은 위험성이 있지만, 분명 성공 사례도 있기 때문에 무조건 위험하다고 말하기에도 애매하다. 하지만 분명한 사실은 지역주택조합으로 인한 피해가 더 크기 때문에 말릴 수밖에 없다는 것이다.

마음을 흔들어놓는 지역주택조합, 무엇을 조심해야 하나?

시세보다 저렴하게 내 집 마련을 할 수 있는 수단인 지역주택조합에 대한 관심이 많아지고 있다. 지역주택조합은 아파트를 공동구매하는 방식으로, 일반 민간아파트보다 최대 20~30% 저렴하게 매입할 수 있다는 장점에 많은 사람들이 몰려든다. 그뿐만 아니라 대부분 상업용지와 단독주택, 저층 건물에 있는 주거지를 매입해 아파트를 짓는 경우가 많아 입지적으로도 우수한 편이다. 또한 상업지에 위치한 지역주택조합은 대형마트와 백화점도 인접해 생활인프라가 좋다. 그리고 청약 없이 내 집 마련을 할 수 있다는 장점도 있다.

지역주택조합의 성공 사례도 있어 인기가 커지고 있다. 2021년에 입주한 서울 동작구 상도동의 '상도역 롯데캐슬 파크엘'이 그 주인공이다. 전체 950가구 규모의 지역주택조합 단지로, 이 중 절반인 474가구가 일반 분양해 성공적인 지역주택조합으로 꼽힌다. 이 외에도 서울 광진구 자양동의 '자양 호반써밋', 영등포구 당산동 '당산 브라운스톤', 동작구 신대방동 '보라매 자이' 등도 "지역주택조합으로 저렴하게 내 집 마련을 했다"는 이야기가 쏟아진다.

지역주택조합은 이론상 토지 사용권과 조합원만 확보된다면 인허가 과정이 단순해 기존 정비사업보다 사업 추진이 빠를 수 있다. 하지만 조합원 모집에 실패하거나 토지 확보가 제대로 이루어지지 않으면 사업이 중단될 수도 있으며, 토지 확보 비용이 증가해 추가 비용이 늘어날 수 있는 경우도 다반사다. 일반 분양 아파트의 경우 분양가와 착공·완공 등이 사전에 확정되지만, 지역주택조합은 사업 일정과 분양가를 확정할 수 없는 구조다. 이에 많은 이들이 지역주택조합에 대해 "지주택은 부동산을 잘 아는 사람도 어렵다" "원수에게 지주택을 권한다"라고 말할 정도로 위험부담이 크다.

앞서 언급한 대로 지역주택조합은 남의 땅에 조합원끼리 돈을 걸어서 아파트를 올리는 방식이다. 즉 조합원들이 땅 주인을 설득해 토지를 모두 사들여야 한다. 하지만 이 부분에서 땅 주인을 설득하기가 굉장히 어렵다. 설령 땅 주인을 설득해 땅을 매입했다고 하더라도 건축허가 과정에서 아파트 규모가 축소될 수도 있고, 심지어 아파트 종변경 불가나 환경문제로 통과하지 못하는 경우도 있다. 이렇게 아파트 규모가 줄어든다면 기존에 있던 조합원을 정리해야 하고, 남은 사람들은 나간 사람들이 가지고 돌아간 계약금을 다시 N분의 1로 분담해야 하는 상황도 생길 수 있다.

조합원을 모집하는 과정도 의심해야 한다. 일반적으로 토지 확보나 개발 허가 승인 등으로 홍보하고 있는데, 토지의 경우 기본으로 수만 평이나 되는 땅 중에 수십 평만 확보하고 분양인 것처럼 모집하는 과장 광고가 많다. 이 외에도 1군 건설사나 유명 건설사들의 이름을 걸고 광고하는 경우가 많은데, 지역주택조합에서의 사업 주체는 조합원이다. 건설사들의 경우 조합원들의 위탁을 받고 업무처리를 해주는 데 불과해 결과에 책임을 지지 않는다. 말 그대로 건설사는 조합원들이 모집되면 시공비를 받고 시공해주는 것이 전부다. 대체로 정식 시공 계약조차 하지 않는 경우가 많기 때문에 착공 전에만 시공 예정 건설사가 여러 차례 바뀌는 경우도 흔해서 유명 건설사만 믿고 지역주택조합에 참여하는 것도 안 된다.

대형 건설사들의 관계자들도 "시공 예정 계약은 어디까지나 '사업인가가 나오면 우선해 도급 계약을 맺겠다'라는 의미이며, 조합원 모집을 위해 브랜드를 빌려주는 것"이라며 "건설사 입장에선 예비 수주를 마다할 이유가 없어 받아주는 것이지, 지역주택조합 사업에 대해서는 책임이 없다"라고 말하기도 했다.

2021년 2월 서울시에 따르면 서울시 내 지역주택조합은 총 100~200곳으로 파악되었다. 이 중 착공에 들어간 사업지는 5곳 정도에 불과했다. 지역주택조합으로 정비사업을 시도하는 경우가 많지만 실제로 착공까지 이어지기는 쉽지 않다는 것이다.

여기에 알박기 등의 리스크도 있다. 정부는 지역주택조합의 미비점을 보완하기 위해 2020년 7월에 관련 법안을 강화했다. 지역주택조합은 조합원 모집, 조합설립, 사업계획승인 단계를 밟는다. 법 개정으로 조건에 없었던 조합원 모집은 사업지 면적 50% 이상의 토지 사용권원(토지를 사용·점유할 수 있는 권리)을 확보한 뒤 해당 지자체에 조합원 모집 신고를 하고, 조합원 모집 신고필증을 받아야 가능하다. 원래 조합설립은 사업지 면적 80%에 달하는 토지 사용권원을 확보하면 가능했지만, 법 개정으로 80%의 토지 사용권원 외에 15%의 토지 소유권도 확보해야 한다.

저렴하게 내 집 마련할 수 있는 지역주택조합, 리스크가 있다는 것을 명심하자

조합원 모집이 순조롭게 이루어진다고 하더라도 지자체가 사업을 승인하는 기준인 토지소유권을 95% 확보해야 한다. 문제는 95%를 확보하지 못하면 사업이 무기한 지연될 수 있다는 것이다. 90%의 토지를 확보하더라도 터무니없는 가격의 땅값을 요구하는 이른바 '알박기'로 땅을 확보하지 못하는 경우도 생긴다. 이 과정에서 토지를 매입하기 위해 조합원들의 추가부담금이 눈덩이처럼 늘어나고 사업이 지연된다.

지역주택조합의 분양가가 저렴하다 보니 일반 소비자들은 민간아파트 분양과 진행 절차가 비슷하다는 착각을 하는 경우도 많다. 일반 아파트 분양의 경우 분양사와 계약을 하게 되면 분양가가 확정되고, 사업이 지연되면 건설사가 책임을 져야 한다. 시행사는 건설사가 부도를 내면 주택 분양보증을 통해 완공한다. 하지만 지역주택조합의 경우 조합원이 조합 운영의 책임과 권한을 함께 갖는다. 조합원이 사업주체이기 때문에 토지 확보 지연 등 사업이 미루어지는 데 따른 피해 보상을 요구할 수 없다. 이에 중도 탈퇴도 어렵다. 기존에 납부한 돈의 상당 부분이 용역비로 사용되었기 때문에 이러지도 저러지도 못하는 어려운 상황에 처할 수 있다.

게다가 일부 사업지에선 의결권 확보를 위해 유령 조합원을 만들고, 토지 사용 허가 문서도 위조하는 불법행위가 이루어져도 일반인들은 이를 알기가 어렵다. 몸통 없이 머리만 있다는 것을 빗댄 속칭 '돼지머리' 조합원이라는 것도 있는데, 일부 세력이 위장 조합원들을 만들어 조합 운영을 이끌어가는 것이다.

이처럼 지역주택조합은 수많은 위험성이 있지만, 분명 성공 사례도 있기 때문에 무조건 위험하다고 말하기에도 애매하다. 일부 사람들은 지역주택조합으로 큰 이득을 봤고, 저렴하게 새로운 내 집을 마련했기 때문이다. 그래서 '지역주택조합은 대박 아니면 쪽박'이라는 말도 있다. 하지만 분명한 사실은 지역주택조합으로 인한 피해가 더 크기 때문에 말릴 수밖에 없다는 것이다.

'대월세 시대'의 도래,
고가 월세는 더 증가할 것이다

요즘은 '돈이 있어도 월세를 살 수 있다'는 인식이 확산되면서 월세에 대한 거부감이 예전에 비해 많이 사라졌다. 또한 기준금리가 계속 인상될수록 세입자들은 전세보다 월세로 넘어갈 가능성이 더욱 크다.

사라지고 있는 월세 거부감,
서울 아파트 월세 100만 원 시대가 온다

기준금리 인상의 여파가 전월세 시장 분위기를 바꿔놓고 있다. 2022년에 금리가 가파르게 오르면서 세입자 입장에서는 전세자금 대출이자가 월세보다 더 비싸 부담으로 작용하고 있다. 시중은행의 대출금리 중앙값 4.1% 기준으로 전세 대출 2억 원을 빌린다면 이자는 대략 70만 원가량 나온다. 여기에 금리가 더 오른다면 이자가 70만 원에서 더 올라갈 수 있기 때문에 차라리 월세에 살겠다는 수요자가 늘고 있는 것이다.

전세의 경우 보증금 미반환 등의 리스크가 있고, 젊은 세대들의 경우 전세로 큰돈이 묶여 재테크를 못 한다는 이유로 전세 대신 월세를 택하기도 한다.

실제로 서울의 경우 월 100만 원 이상의 고가 월세가 점점 확대되고 있다. 경제만랩이 국토교통부의 실거래가 공개 시스템을 살펴본 결과, 2022년 상반기(1~6월)의 서울 아파트 월세 거래량은 총 4만 5,085건으로 확인되었다. 이 중 월세가 100만 원 이상인 거래는 1만 5,788건으로 전체 거래의 35%에 달하는 비중을 보인 것으로 확인되었다. 2021년 상반기 월세 100만 원 이상 거래량이 1만 675건이었던 것과 비교하면 1년간 월세 100만 원 이상인 고가 월세가 47.9%나 늘어난 것이다.

2017~2022년 상반기, 서울 아파트 월세 100만 원 이상 거래량

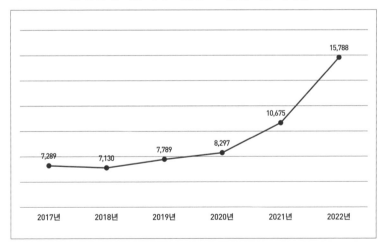

<자료_국토교통부 실거래가 통계시스템(데이터 집계기준 2022년 8월 9일 기준)>

2022년 상반기에 서울 아파트 월세 1만~49만 원 거래량은 1만 5,323건으로 전체의 34.0%를 차지했다. 이어 월세 50만~99만 원이 1만 3,974건(31.0%), 100만~199만 원이 1만 686건(23.7%), 200만~299만 원이 2,935건(6.5%), 300만~399만 원이 1,230건(2.7%), 400만~499만 원이 442건(1.0%), 500만~999만 원이 421건(0.9%), 1,000만 원 이상이 74건(0.2%) 등으로 집계되었다.

100만 원 이상의 월세 거래가 증가하면서 월세도 많이 올랐다. 서울 송파구 잠실동에 위치한 '리센츠'의 전용면적 84m²는 2021년 6월 21일에 보증금 1억 원, 월세 270만 원(17층)으로 신규 계약이 이루어졌다. 하지만 2022년 6월 30일에 동일 면적이 보증금 1억 원, 월세 380만 원(11층)으로 거래가 성사되어 1년 새 월세가 110만 원이나 솟아오른 것으로 확인되었다.

강남구 압구정동의 '미성 1차' 105m²는 2021년 6월 21일에 보증금 1억 원, 월세 260만 원(9층)으로 신규 계약되었다. 하지만 2022년 6월 18일에는 보증금 1억 원, 월세 350만 원(10층)에 거래가 이루어져 월세가 90만 원이나 상승했다.

요즘은 '돈이 있어도 월세를 살 수 있다'는 인식이 확산되면서 월세에 대한 거부감이 많이 사라졌다. 당장 목돈이 필요하지 않은 집주인들은 원래 월세를 선호했지만, 세입자들도 월세를 선호하기 시작해 부동산시장의 분위기가 예전과는 분명히 많이 달라지고 있음을 짐작할 수 있다.

월세에 대한 거부감이 없어지면서 서울에 보증금을 제외하고 월세만 1,000만 원 이상인 계약도 종종 이루어지고 있다. 강남구 청담

동의 'PH129(더펜트하우스청담)' 전용면적 273.9m²는 2022년 3월 보증금 4억 원에 월세 4,000만 원에 계약이 이루어져 역대 최고가 월세 계약 기록을 세우기도 했다.

경기도에서도 역대 가장 높은 금액으로 월세가 계약되었다. 경기 고양시 일산동구 장항동에 위치한 '킨텍스 원시티 3블럭' 전용면적 148m²는 지난 2022년 3월 21일 보증금 3억 5,000만 원에 월세 1,200만 원(49층)으로 계약이 이루어졌다. 이렇게 기준금리가 인상될수록 세입자들은 전세보다 월세로 넘어갈 가능성이 더욱 크다.

목돈 부담 덜한 월세로 거주하며
목돈을 갭투자

특히 젊은 세대들에게 월세가 전세보다 더 선호되는 분위기다. 월급을 쪼개 저축하며 돈을 모으기가 현실적으로 어렵기 때문에 재테크로 자산을 키우는 것이다. 흔히 월세라고 하면 그냥 버려지는 생돈이라고 판단하는 경우가 있지만 이를 기회비용으로 바꾼 것이다.

월세로 간다면 큰 목돈이 묶일 필요가 없기 때문에 부동산 재테크를 할 수 있다. 부동산시장이 상승기일 때는 집주인의 경우 시세차익을 거둘 수 있지만, 전세 세입자의 경우 집값이 올라도 자산이 커지는 것도 아니고 오히려 전세보증금만 올라가기 때문에 차라리 월세를 살면서 재테크를 하겠다는 것이다.

그러기 위해선 무조건 월세가 아닌 본인이 원하는 지역에 부동산 소유권 한 개는 보유해야 한다. 아무런 소유권 없이 월세살이만 한다면 전세보다 더 마이너스가 될 가능성이 있다.

예를 들어 서울 내에 위치한 아파트를 매입해 전세를 주고 본인은 월세로 사는 것이다. 갭투자를 했다면 이런 방식을 택하는 경우가 많다. 전세보증금으로 아파트에 투자하고 본인은 보증금이 저렴한 월세로 살면서 대출금을 갚는 것이다. 이렇게 어느 정도 자본이 모인다면 전세금을 내어주고 본인이 입주하거나, 향후 집값이 크게 올랐다면 시세차익을 본 자금을 가지고 또다시 투자를 할 수 있는 것이다.

하지만 이런 투자가 모두 좋은 결과를 내는 건 아니다. 대출금이 얼마나 되고 또 어디에 있는 아파트를 매입했느냐에 따라 월세로 인한 투자가 수익과 실패로 갈릴 수 있기 때문이다.

심리가 지배하는 부동산시장, 조급증을 버려라

부동산이든 주식이든 조급증은 실패를 부를 수 있다. 이번 기회가 아니더라도 좋은 투자 기회는 언제든 또다시 온다. 투자의 세계에서 실패로 가는 지름길은 서두르는 것임을 반드시 명심해야 한다.

부동산시장에서 조급함은 버려라, 느긋하게 기다려라

부동산 가격은 장기적으로 인구, 소득, 경제성장률, 정책 등의 다양한 변수에 따라 움직이는 것은 분명하다. 하지만 단기적으로는 심리적인 영향이 절대적이다.

심리는 단기적으로 오르내리는 가격을 이해하는 데 핵심 변수다. '부동산시장은 인간의 욕망과 불안이 분출하는 심리적 공간'이라는 말이 있다. 부동산시장을 디테일하게 살펴보면, 실제 사실보다는 억측과 풍문에 더 출렁거린다는 것을 알 수 있다. 있는 그대로 보려고

하지 않고 보고 싶은 대로 보려는 편향 탓에 정보가 왜곡되는 경우가 흔하게 생긴다. 정보를 자기식대로 해석하는 경향이 있는 것이다. 각자 상황에 따라 악재가 호재가 되고 호재가 악재가 되는 이해할 수 없는 상황이 부동산시장에 나타나는 것이다.

이렇다 보니 부동산시장은 비합리적으로 움직이는 경우가 있다. 다른 사람의 행동에 대한 이해할 수 없는 경쟁 심리로 부작용도 나온다. 그러므로 단기적인 데이터로 부동산시장을 이해하기란 대단히 어렵다.

기다리는 자가 이긴다, 좋은 기회는 다시 오기 마련이다

전문가들도 부동산 소비 현상에는 여러 가지 심리효과가 자리하고 있다고 분석한다. 실제로 집을 샀을 때와 팔았을 때의 심리가 완전히 달라지는 것처럼 말이다.

직장인 김 씨는 대도시 외곽 아파트를 매입했지만, 얼마 지나지 않아 선택을 후회하곤 했다. 단지 앞에 초등학교가 있어 시끄럽고, 개별 난방하는 보일러도 오래되어 자주 고장이 난다. 하지만 이미 엎질러진 물처럼 되돌릴 수 없다.

이제 생각을 긍정적으로 바꿀 수밖에 없다. 이왕 매수한 집, 장점이 많다고 스스로를 설득한다. 아침저녁으로 초등학교 운동장에서 운동할 수 있고, 교육환경이 좋다고 생각하며 자신의 선택을 합리화한다. 상대적으로 가격도 저렴해 나 같은 월급쟁이에게 더할 나위 없이 적합한 곳이라고 생각한다.

하지만 이 집을 팔았을 때는 생각이 완전히 달라진다. 팔았기 때문에 좋지 않은 점만 생각이 든다. 판 아파트는 지금 새로 장만한 집보다 생활환경이 부족하고, 재건축하기도 쉽지 않기 때문에 계속 보유해봐야 별로 메리트가 없다고 생각한다.

이 같은 행위를 심리학에서 말하는 '인지부조화'라고 볼 수 있다. 인지부조화는 행위와 믿음의 불일치에서 비롯되며, 행위와 믿음의 충돌을 통해 한쪽으로 일치시켜 모순을 해소하려 한다.

집값이 떨어질 것 같아 집을 팔고 난 후 불안감을 느끼는 경우도 많다. 집을 판 돈을 은행에 넣어두자니 불안하고, 금방이라도 집값이 오를 것만 같은 기분이 든다. 어느 동네에서 집값이 오른다는 소식만 들으면, 잘못 판 것 같다고 생각해 어떻게든 다시 움직여야 한다는 강박관념이 올 수 있다. 아무것도 하지 않고 기다리는 고통을 견디지 못하는 것이다. 무슨 일이든 빨리 해야 한다는 조바심과 충동을 느낄 수 있다.

부동산이든 주식이든 조급증은 실패를 부를 수 있다. 이번 기회가 아니더라도 좋은 투자 기회는 언제든 또다시 온다. 투자의 세계에서 실패로 가는 지름길은 서두르는 것임을 반드시 명심해야 한다.

우리나라의 최대 도시이자 수도인 서울은 누구나 살고 싶은 곳이다. 서울엔 양질의 일자리가 풍부하고, 자녀 교육환경과 생활인프라가 다른 지역과 비교해 압도적으로 집중되어 있어 주거선호도가 당연히 높을 수밖에 없다.

이렇듯 서울에서의 삶을 꿈꾸는 사람들은 많지만, 서울의 땅은한정적이다. 결국 수요는 많고 공급은 없으니 희소성으로 서울의 가치는 높을 수밖에 없다. 세계가 휘청거리는 글로벌 경제위기가 아니라면 장기적으로 서울 집값은 쉽게 떨어지진 않을 것으로 보이며, 이에 우리가 서울 부동산에 관심을 가질 수밖에 없는 것이다. 우리나라의 부동산시장을 파악하기 위해선 부동산시장의 중심인 서울부터 차근차근 이해해야 할 것이다.

대한민국 부동산 1번지 '서울'_
서울 부동산시장 대해부

서울 아파트, 이젠 로또 1등으로도 못 사는 안전자산이다

2022년 들어 서울 아파트 거래량이 현저히 줄어들고 있다. 하지만 서울 아파트 거래량이 감소하고 일부 아파트 가격이 조정되더라도, 정부가 규제를 완화한다면 서울 아파트 집값은 다시 상승세에 올라탈 것으로 보인다.

한정적인 토지,
서울 부동산 가치는 올라갈 수밖에 없다

로또라고 하면 제2의 인생이나 인생 역전 등을 떠올릴 수 있다. 하지만 이제는 그렇지도 않은 분위기다.

2022년 6월 11일에 추첨한 1019회 로또에서 1등만 무려 50명이나 나왔다. 그러다 보니 1등 당첨액은 4억 3,856만 5,000원에 불과했다. 여기에 33%의 세금까지 제하고 나면 실수령액은 3억 원 수준이다. 814만 5,060분의 1 확률로 로또 1등에 당첨되고, 심지어 단독 1등 당첨으로 15억을 받는다고 하더라도 서울에 아파트 한 채를 마런하기란 쉽지 않다. 과거의 10억과 2022년의 10억을 비교해보면 로또의 힘은 갈수록 작아지고 있는 상황이다.

그렇다면 왜 서울 아파트는 안전자산이 된 것일까? 우선, 서울이라는 한정적인 땅이 희소성을 가지고 있으며, 다른 지역과 비교해 외부의 충격이나 위기에도 그 가치에 대한 방어가 뛰어나고, 환금성마저 좋아 투자 상품으로도 활용할 수 있기 때문이다.

서울 아파트는 수요가 꾸준한 반면 공급이 부족한 지역이다. 서울시 주택 현황을 살펴보면 2020년 기준으로 지난 5년간 아파트 호수는 고작 13만 5,774호가 늘어난 것으로 나타났다. 2021년에는 약 3만 2,000여 가구가 공급되었으며, 2022년에는 2만여 가구, 2023년에도 2022년과 비슷한 수준을 유지하다가 점차 공급은 떨어질 것으로 예상된다.

현재 서울은 그린벨트를 풀지 않는 이상 주택을 공급할 땅이 더이상 없다. 이에 재건축이나 재개발을 통해 서울의 주택공급을 늘릴수밖에 없는 상황이다.

2010~2021년, 전국·서울 1인 가구 수 및 비율

구분	2010년		2015년		2020년		2021년	
	1인 가구 수	1인 가구 비율	1인 가구 수	1인 가구 비율	1인 가구 수	1인 가구 비율	1인 가구 수	1인 가구 비율
전국	4,142,165	23.9	5,203,440	27.2	6,643,354	31.7	7,165,788	33.4
서울	854,606	24.4	1,115,744	29.5	1,390,701	34.9	1,489,893	36.8

<자료_통계청 1인가구>

쉽사리 주택공급을 늘릴 수 없는 상황에서 서울 주택을 찾는 수요는 점차 늘어나고 있는 추세다. 그 이유는 1인 가구가 가파르게 늘어나고 있기 때문이다. 통계청 자료를 보면, 서울의 1인 가구는 2010년 85만 4,606가구(1인 가구 비중 24.4%)에서 2015년 111만 5,744가구(29.5%), 2021년 148만 9,893가구(36.8%)로 계속 급증하고 있는 추세다. 이렇게 서울 주택에 대한 수요가 늘어나는 데 비해 공급이 원활히 이루어지지 않는 것이 서울 집값 상승의 요인이다.

일각에서는 새 정부의 막대한 주택공급으로 집값이 조정될 수 있다는 의견을 내놓는다. 하지만 이 같은 해석은 장기적으로 봤을 때에나 가능하다. 단기적으로 재건축과 재개발을 한다면 구축 주택이 새 주택으로 바뀔 수 있으니 이에 집값은 올라갈 수밖에 없다. 또한 모든 수요를 충족할 만한 막대한 주택공급을 한다면, 서울이 아니라 경기도나 다른 지방의 부동산시장부터 먼저 붕괴될 것이다.

서울 집값의 상승 유지, 그 이유는 무엇인가?

서울 집값이 앞으로도 상승을 유지할 것이라는 이유로 크게 3가지를 들 수 있다.

첫째, 서울 집값이 안정적인 자산으로 꼽히는 이유는 서울에 살지 않더라도 서울에 위치한 주택을 매입하는 경우가 많기 때문이다. 한국부동산원의 거주지별 아파트 매매거래현황을 살펴보면, 2022년 상반기에 서울 아파트 매매거래는 9,931건으로 나타났다. 이 중 서울에 거주하지 않는 외지인이 사들인 건수는 2,135건으로, 서울 아파트 매매거래 5건 중 1건은 외지인이 사들인 것이다. 이처럼 다른 지역에 거주하는 사람들이 서울 아파트에 관심을 갖는 것은 서울 아파트의 가치를 높게 평가하기 때문이다.

우리나라는 오래전부터 서울을 중심으로 집약적인 발전이 이루어졌기 때문에 지역 간 편차가 심해질 수밖에 없다. 또한 서울에 일자리가 집중되어 있기 때문에 매년 지방에서 많은 사람들이 서울로 이동하는 경우가 많으며, 이러한 이주 인구는 서울의 일부 주택을 매매하거나 임대하며 부동산 활성화를 이끌고 있다.

둘째, 서울 아파트는 가격 방어가 된다. 집값이 하락할 수도 있겠지만 다른 지역의 아파트가 상승하는 부동산 상황에서 서울 아파트만 하락하는 상황은 나오기 어렵다. 최근 몇 년간 서울에서 인천, 경기도 등으로 전출된 사람들은 치솟은 서울 집값 때문에 이동한 경우가 많다. 때문에 기회가 된다면 다시 서울로 재진입을 노리는 대기 수요도 많을 것으로 보인다.

셋째, 모든 교통 노선은 서울 강남을 기준으로 움직이고 있다. GTX 외에도 많은 교통 노선이 강남과 연결되어 강남 지역의 집값 상승으로 이어지고 있다. 그만큼 '강남의 접근성' 그 자체의 가치가 높다는 것이다. 또한 양질의 일자리가 서울 강남에 많이 위치해 있기 때문에 결국 강남의 접근성이 중요한 요소가 되고 있는 것이다. 여기서 중요한 점은 서울 부동산은 애초에 강남의 접근성이 다른 지역보다 뛰어나기 때문에 개발호재 없이도 서울 인근 지역보다 비교 우위를 점하게 된다는 것이다.

이러한 점들이 하락장 없는 서울 집값의 상승 유지 비결이다. 물론 2022년 들어 서울 아파트 거래량이 현저히 줄어들고 있다. 하지만 서울 아파트 거래량이 감소하고 일부 아파트 가격이 조정되더라도, 정부가 규제를 완화한다면 다시 서울 집값은 상승세에 올라탈 것으로 보인다.

더욱 세분화되는 양극화,
빌라와 아파트의 더 벌어지는 격차

서울 아파트 가격은 미친 듯이 치솟고 있는 반면, 서울의 단독주택과 빌라는 상대적으로 오르지 못하면서 '아파트 불패 신화'가 이어지고 있다. 아파트 투자와 비교해 단독주택과 빌라 투자에 대한 부정적인 시각도 이 같은 이유에서 생겨난다.

같은 강남에 있는 아파트와 빌라라도
가격 격차가 더 벌어질 수밖에 없는 이유

"저 강남에 살아요."

이 한마디는 많은 의미를 내포한다. 강남에 거주한다는 것은 단순히 지역을 넘어 재산, 학력, 스타일, 취향까지 모든 것을 가늠할 수 있는 기준이 되기 때문이다.

하지만 이제는 강남에서도 "래미안 살아요" "아이파크 살아요"라는 답변이 나오는 시대가 되었다. 건설사들이 하이엔드 아파트 브랜드들을 내놓으면서 주택에 따라 양극화가 생긴 것이다.

그래서 잘 지어진 아파트는 지역 전체를 대표하는 상징이 되는가 하면, 지역명을 뛰어넘는 가치를 만들기도 한다. 지금까지도 고급 주거공간의 대명사로 불리는 '타워팰리스'가 대표적이다. 2002년에 입주한 삼성물산 '타워팰리스'는 서울 강남의 상징을 넘어 강남을 신흥 부촌 주거단지로 끌어올렸다.

자본주의 세상에서 부의 양극화를 줄이는 데는 한계가 있다. 하지만 부의 양극화는 이제 더욱 세밀하고 디테일하게 나누어지고 있는 양상이다. 과거에는 부의 척도를 지역으로 나눌 수 있었지만, 이제는 주택규모와 브랜드로 나눌 수 있다. 같은 서울 주민이라도, 그리고 같은 강남 주민이라도 아파트·단독주택·빌라의 가격 격차는 이제 비교할 수도 없이 더욱 벌어졌다.

5년간 서울 아파트가 110% 치솟을 때
단독주택은 32.8%, 빌라는 32.9% 올랐다

과거에 부의 상징은 정원이 딸린 단독주택이었다. 넓은 마당을 자유롭게 이용할 수 있고, 사생활도 보호받을 수 있기 때문이다. 실제로 2017년만 하더라도 서울 단독주택은 서울 아파트보다 평균 매매가격이 더 높았다.

하지만 건설사들이 아파트에 브랜드를 입히고 고급화를 이루어내면서 주거만족도를 올리자 모두가 아파트로 몰리게 되었다. 반면 단독주택의 경우 치안과 유지보수, 생활 커뮤니티가 아파트보다 부족해서 자연스럽게 수요가 줄어들었다. 이는 단독주택에 대한 투자적

수요도 줄어들게 해 자연스럽게 가격 상승이 이루어지지 못했다.

빌라도 마찬가지다. 새 아파트로 전환되는 재개발 지역이 아니라면 빌라에서 아파트와 같은 집값 상승을 기대하기 어렵다. 실제로 서울 집값이 올랐다고 이야기했을 때 여기에 단독주택과 빌라는 포함되지 않는다.

이제 더 이상 과거의 서울 주택 상황을 떠올리면 안 될 정도로 상황이 크게 달라졌다. 2022년 8월 서울 아파트 평균 매매가격은 12억 7,879만 원으로 나타났고, 단독주택은 9억 7,034만 원, 빌라는 3억 4,888만 원으로 집계되었다. 5년간(2017년 5월 대비) 아파트 가격은 6억 7,171만 원 올라서 무려 110.6%의 상승률을 기록했지만, 단독주택은 2억 4,051만 원 상승해 33.0% 오르는 데 그쳤고, 빌라는 8,674만 원

2017~2022년, 서울 주택 유형별 평균 매매가격

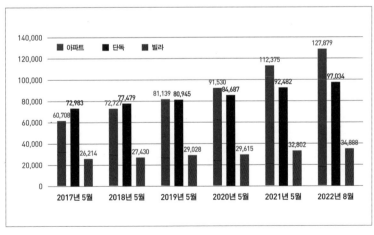

<자료_KB부동산 주택가격 동향>

올라 33.1% 상승하는 데 그쳤다.

　이렇듯 서울 아파트 가격은 미친 듯이 치솟고 있는 반면, 서울의 단독주택과 빌라는 상대적으로 오르지 못하면서 '아파트 불패 신화' 가 이어지고 있다. 아파트 투자와 비교해 단독주택과 빌라 투자에 대한 부정적인 시각도 이 같은 이유에서 생겨난다.

　단독주택과 빌라의 경우 아파트처럼 균일화된 면적과 구조가 아니고 개별성도 크지 않기 때문에 향후 재건축이나 재개발에도 지장이 있어 가격 상승과 투자 리스크가 크다. 때문에 서울을 벗어나더라도 경기도 아파트로 내 집 마련을 하는 것이 여러 가지 면으로 이득일 것이다. 실제로 경기도 아파트 평균가격은 5년간 91.7% 상승했는데 서울 빌라와 단독주택은 33.0%, 33.1% 상승하는 데 그쳤다.

앞으로 다가올 3년,
서울 재개발·재건축 대전망

이전 문재인 정부에선 재건축·재개발 규제로 공급이 이루지지 않아 새 아파트 가격이 올랐다면, 이번 정부에서는 규제 완화로 구축 아파트뿐만 아니라 빌라들도 새 아파트를 받을 수 있다는 기대감에 가격 상승이 이루어질 수 있다.

늙어가는 대한민국 주택,
5채 중 한 채는 30년 이상 노후주택

우리나라 전국 주택은 총 1,856만 6,000여 호다. 그중 건축된 지 30년 이상 된 노후주택은 무려 359만 7,000호에 달한다. 2020년 통계청의 주택총조사에 따르면 30년 이상 된 주택은 전체의 19.4%로, 전국 주택 5채 중 한 채가 30년이 넘은 주택이어서 노후화 현상이 심각한 상황이다. 많은 사람들이 거주하고 있는 아파트도 전국 1,166만 2,000호 가운데 112만 호가 30년 이상 된 아파트로 전체 비중의 9.6%에 달했다.

건축된 지 30년 이상 된 주택이 가장 많은 곳은 서울이다. 서울은 55만 8,000호가 건축된 지 30년 넘은 노후주택이며, 경기 46만 5,000호, 경북 31만 5,000호, 부산 30만 7,000호, 경남 29만 4,000호 등이 뒤를 잇는다.

이처럼 시간이 흐를수록 주거환경이 취약한 노후주택은 계속 늘어나고 있지만, 누구나 거주하고 싶은 쾌적한 새 아파트로 전환되지 못해 문제가 되고 있다.

결국 재건축·재개발 규제로 새 아파트 전환이 이루어지지 않는다면 공급 부족으로 입주 1~5년차 아파트들이 가격 상승을 일으킬 것이고, 이어 구축 아파트들도 뒤따라 가격이 상승하는 등 시장의 전반적인 상승기류를 막기 어려워질 수 있다. 이 같은 집값 상승 시나리오에 윤석열 정부는 '재건축·재개발 규제 완화를 통해 노후된 주택들을 새 아파트로 전환시켜 공급문제를 해결하고 부동산시장을 안정화할 것'이라고 이야기하고 있다.

사실 어느 장단에 맞추느냐에 따라 부동산 가격의 변동은 있다. 이전 문재인 정부에선 재건축·재개발 규제로 공급이 이루어지지 않아 새 아파트 가격이 올랐다면, 이번 정부에선 규제 완화로 구축 아파트뿐만 아니라 빌라들도 새 아파트를 받을 수 있다는 기대감에 가격 상승이 이루어질 수 있다는 것이다.

하지만 재개발·재건축의 경우 비교적 큰 수익을 거둘 수 있는 만큼 장기적으로 이어지는 경우가 많다. 그러므로 재개발·재건축은 무엇보다 신중하게 접근할 필요가 있다.

하늘과 땅이 뒤집어질 정도로
엄청난 변화를 가져오는 재개발 사업

재개발 사업은 기반 시설이 낙후된 단독주택이나 상가들이 밀집한 주거지 아파트를 새 주거단지로 정비하는 대규모 개발사업이다. 이 개발사업은 낙후된 구도심을 개선하고 도시기능을 회복하는 것을 목적으로 한다.

재개발 투자는 적은 자본을 투자해 일반적인 부동산 수익률보다 훨씬 높은 시세차익을 거둘 수 있다는 것이 장점이다. 재개발은 사업 추진 단계가 착공에 가까워질수록 시세가 높아져 차익을 얻을 수 있다. 기본계획수립부터 추진위원회가 구성될 때까지 가격이 오르고, 추진위원회에서 조합설립이나 사업시행인가까지 진행되면 또 시세차익을 얻을 수 있다.

재개발 사업 진행과정

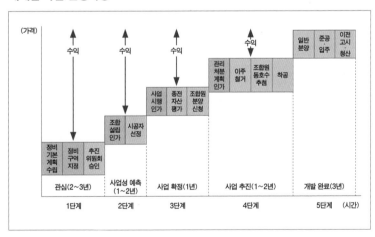

또한 기존의 아파트를 철거하고 다시 짓는 재건축과는 달리 재개발은 단독주택과 빌라, 상가가 밀집해 있는 곳에서 사업이 진행되므로 토지나 건물만 소유하고 있더라도 조합원 자격이 주어진다는 장점이 있다. 더욱이 조합설립에 동의하지 않는다고 해서 조합원 자격이 박탈되는 일도 없다. 인기 지역의 대단지 브랜드 아파트를 청약경쟁 없이 분양받을 수 있으며, 청약통장이 필요하지 않다는 것도 큰 장점이다.

하지만 재개발 투자가 어렵다는 이야기가 나오는 것은 예상 수익률을 알기가 쉽지 않기 때문이다. 흔히 재건축의 경우에는 아파트 소유자들이 조합원으로 참여하지만, 재개발은 조합원(투자)이 보유한 토지나 주택의 크기와 종류가 천차만별이다. 단순히 자신이 투자하려는 물건의 정확한 가치를 알려고만 하더라도 따져봐야 할 것이 너무 많기 때문에 구체적으로 얼마만큼의 기간이 필요하고, 어느 정도의 수익을 가져오는지 분석하기도 까다롭다.

재개발에서 가장 중요한 것은 사업성과 가능성이다. 재개발 사업을 진행하려면 시행사나 건설사가 가져가는 이득이 있어야 한다. 이 같은 사업성을 알 수 있는 대표적인 지표가 비례율이다. 일반적으로 비례율이 100% 이상이면 사업성이 높다고 보며, 100% 미만이면 사업성이 낮아 재개발 진행이 어렵다고 분석한다.

예를 들어 개발 전 재개발 지역의 총자산이 100억 원이며, 사업비를 제외하고 개발 후 자산 평가액을 120억으로 본다면 비례율이 120%다. 이 비례율이 높으면 높을수록 개발가치가 높다고 평가되고, 그러면 재개발 진행 속도도 빠를 것이다.

이 비례율에 가장 큰 영향을 주는 것은 부동산시장이다. 주변 집값이 올라가면 일반 분양가격도 높아지고, 조합원의 비례율이 달라질 수 있다. 하지만 사업을 추진하는 조합이 총 사업비를 낮추면 비례율이 높을 수도 있다. 그러나 비례율이 높아져도 조합원이 지출해야 되는 비용이 이전과 차이가 없으면 큰 이익을 얻기가 어렵다. 그러니 비례율만 맹신하다가는 재개발을 한세월 기다려야 하는 경우도 생길 수 있다.

또한 비례율이 높아지면 세금 부담도 함께 높아지기 때문에 사업성이 좋은 재개발 구역도 비례율을 100%에 딱 맞추려는 경우도 있다. 일부 지역의 경우 비례율을 높여 많은 세금을 내느니 차라리 초고급 자재들을 사용해 분양가를 높이는 것이다. 이 때문에 재개발 구역의 상황을 구체적으로 파악하는 것이 중요하다.

비례율이 확실하게 정해지는 시기가 관리처분계획인가 시점이기 때문에 투자자 입장에선 가장 리스크가 적지만, 이때 시세가 많이 오르고 프리미엄도 높아져 기대수익이 낮아질 수 있다. 그러므로 큰 이익을 기대한다면 일찍이 개발 지분을 매입하는 것이 좋고, 비례율이 확정되기 전에 기회를 잡는 것이 좋다.

서울시에 따르면 2022년 7월 기준으로 서울에서 운영되는 재개발(주택정비형, 도시정비형) 사업장 중 관리처분인가 이전의 사업장은 총 107곳이다. 정비계획을 수립한 사업장은 7곳이며, 정비구역지정 3곳, 추진위원회 승인 21곳, 조합설립인가 49곳, 사업시행인가 27곳 등이 있다.

사업 진행이 빠를수록 큰 수익이 있겠지만, 사업 초기인 만큼 리스크를 감수해야 한다. 특히 사업 일정이 당초의 계획이나 기대보다 상당히 느려질 수 있다는 점을 명심해야 한다. 이렇게 지연이 되더라도 재개발 일대 가격이 꾸준히 오른다면 문제가 없겠지만, 가격은 오르지 않고 사려는 수요도 없다면 곤란한 상황에 빠질 수 있기 때문이다. 여기에 사업비용의 증가로 향후 조합원 부담금이 상승할 가능성도 있다. 이러한 문제를 겪지 않기 위해서는 사업속도가 빠른 곳을 택해야 하는데, 분양성이 높은 곳이 유리하다.

주요 역세권에 위치한 재개발 사업장에서도 사업이 늦어지는 사례가 있다. 그러므로 사업 진행상황을 파악하려면 주민 동의 현황과 사업 추진 분위기 등을 현장과 구청을 통해 자주 확인해야 한다.

무엇보다 전문적인 식견도 필요하다. 주변 시세와 해당 현장의 조합원 분양가, 일반 분양가를 비교해야 하고, 건축비와 공사비용 예측도 결국 투자자 본인이 숙지하고 있어야 한다. 사업입지가 뛰어나다고 하더라도 사업성이 나오지 않으면 진행할 수 없다.

사업이 순조롭게 진행된다면 아파트 브랜드(시공사)와 이주비 규모도 중요하다. 조합원 명의 이전 시 이주비의 승계 여부도 당연히 알아봐야 하고, 관리처분인가 후 매도할 것인지 아니면 입주 시까지 보유할 것인지도 이때 결정해야 한다. 대지지분이 낮은 재개발의 특성상 아파트를 분양받을 때 분담금이 높아질 수 있다. 단독주택과 다세대, 다가구, 상가, 빌라 등에 따라 평가금액이 천차만별이기 때문에 주의해야 한다.

결론적으로 시세차익을 목적으로 한 투자라면 재개발 사업 초기에 지분투자를 하는 것이 좋다. 반면에 입주 목적이라면 평가액과 비례율이 공개된 후에 매입하는 것이 안전하다. 특히 지분 시세는 평가액과 비례율이 공개되기 전에 정점을 찍는 경우가 많으므로 이때를 피하는 것이 좋다.

이 외에도 재개발은 조합원 갈등과 법적 투쟁, 분양 지연 등의 이유로 사업이 갑자기 멈춰버리거나 오래 지연되는 경우가 많음을 반드시 인식해야 한다. 즉 재개발을 끝내는 데 10년 이상의 시간이 소요되기도 하므로 짧은 시간 안에 큰 수익을 얻으려는 목적으로 재개발 사업에 접근하는 것은 무리가 있을 수 있다.

2022년 7월 기준 재개발 추진위원회 승인이 떨어지고 운영이 진행중인 사업지는 서대문구 3곳, 영등포구 3곳, 용산구 3곳, 종로구 3곳, 양천구 2곳, 동작구 2곳, 동대문구 2곳, 성북구 1곳, 관악구 1곳, 강동구 1곳이다.

대표적으로 용산구에서는 '정비창전면 제3구역 도시정비형 재개발사업장', 서대문구 '가재울뉴타운 7구역 주택재개발정비사업', 영등포구 '문래동4가 도시환경정비구역', 종로구 '창신4구역 도시환경정비사업', 관악구 '봉천 제13구역 주택재개발정비사업', 동작구 '신대방역세권 재개발정비사업' 등이 있다.

조합설립인가가 지정된 곳은 송파구 '마천1재정비촉진구역', 관악구 '신림1재정비촉진구역', 노원구 '상계5재정비촉진구역' 등이 있고, 사업시행인가가 나온 곳은 동대문구 '청량리 제7구역 주택재개발정비사업', 은평구 '증산5재정비촉진구역', 양천구 '신정1재정비촉진구역3지구' 등이 있다.

노후 아파트의 대변신,
헌 집 주고 새 집 받는 재건축 사업

재건축은 노후·불량 아파트 및 주택을 철거한 뒤 그 땅에 새로운 주택을 건설하기 위해 기존에 살고 있는 주택 소유주가 조합을 만들고 주택을 새로 건설해서 주택공급과 주거환경을 개선하는 사업이다. 일반적으로 재건축은 아파트의 노후 정도와 건축 연한에 따라 진행 여부가 결정된다.

지난 몇 년간 재건축 사업이 활성화되지 않았던 것은 문재인 정부가 재건축 3대 규제를 강화했기 때문이다. 주택공급을 가로막는 재건축의 3대 규제는 '안전진단 기준 강화' '재건축 초과이익환수제' '분양가상한제'다. 이 같은 3대 규제는 윤석열 정부가 완화할 것으로 보이며, 오세훈 서울시장도 '35층 룰'을 폐지하는 등 재건축 시장이 다시 활발해질 것으로 보인다.

재건축 아파트로 진입해 새 아파트로 큰 수익을 얻고자 한다면 우선 진행상황부터 구체적으로 알고 있어야 한다. 재건축도 재개발과 마찬가지로 진행상황에 따라 아파트 가격이 크게 뛰기 때문에 상황에 맞춰 진입해야 한다. 준공이 가까워질수록 기대수익과 리스크는 줄어들지만 매매가격이 높아지기 때문이다.

재건축의 경우 계획단계, 시행단계, 완료단계로 구분할 수 있다. 계획단계에서는 기본계획수립, 정비구역지정, 추진위원회 구성이 이루어진다. 시행단계에서는 조합설립인가, 시공사선정, 사업시행계획인가, 조합원 분양신청, 관리처분계획인가 순으로 진행된다. 끝으로 완료단계에서는 착공 및 분양을 하고, 이후 사업이 완료된 후에 조합이 해산되고 재건축이 끝난다.

　재건축 아파트로 큰 수익을 기대한다면 진행상황이 초기인 사업장에 진입해야 한다. 관리처분인가 이전 진행상황으로 운영되고 있는 서울의 사업지는 2022년 7월 기준 130곳이다. 서울시에 따르면 진행단계가 안전진단인 곳은 1곳이며, 정비계획수립 3곳, 정비구역 지정 4곳, 추진위원회 승인 22곳, 조합설립인가 75곳, 사업시행인가 25곳이다.

　관리처분인가 이전의 재건축 사업장 중 45%가 강남3구에 위치해 있다. 재건축 사업지가 가장 많은 자치구는 강남구로 23곳에서 재건축 사업이 진행되고 있고, 서초구 20곳, 영등포구 18곳, 송파구 15곳, 용산 10곳, 성동구와 구로구는 각각 5곳, 관악구와 강동구는 각각 4곳으로 나타났다. 서대문구·금천구·광진구·강서구·강북구는 각각 3곳이며, 양천구·성북구·노원구·동대문구는 각각 2곳, 동작구·은평구·중랑구는 각각 1곳이다.

　아무래도 재건축 사업장이 가장 많은 강남구가 재건축 규제 완화 덕분에 가장 큰 관심을 받을 것이고, 부동산시장에도 큰 영향을 줄 것으로 보인다. 강남구 외에서는 노원구 일대 아파트들이 재건축에 힘이 실릴 것으로 보인다.

　특히 노원구 상계동은 입주 30년차 이상 된 노후 아파트가 많은 입지로 재건축이 한창 이어지고 있는 곳이다. 노원구 일대에서 가장 사업 추진이 빠른 곳은 주공8단지 '포레나 노원'으로 2020년 12월에 입주했다. 다음이 '상계주공 5단지'로 정비구역지정까지 마쳤고, 2021년 4월 예비안전진단을 통과한 '상계동 한양'의 경우 2022년

1월 조건부 재건축이 가능한 D등급을 받아 1차 정밀안전진단에서도 통과했다. 그리고 상계동 주공2, 3, 7, 9, 11, 13, 14, 16단지와 상계동 보람아파트, 미도아파트, 벽산아파트도 예비안전진단을 통과해 정밀안전진단을 준비하고 있어 이 일대가 재건축으로 관심이 뜨거울 것으로 보인다.

입주 30년차가 넘은 노후 아파트가 많은 상계동은 주공8단지를 재건축한 '포레나 노원'을 기준으로 재건축 아파트들을 비교할 수 있다. 서울 노원구 상계동에 위치한 '포레나 노원' 전용면적 84m^2의 경우 2022년 7월 기준 13억 5,000만 원대에 시세가 형성되어 있다. 정밀안전진단을 통과한 노원구 상계동 '한양'은 전용면적 86m^2의 경우 2022년 7월 10억 3,000만 원대에 시세가 형성되어 있다. 앞으로 진행해야 될 사업구간이 많지만, '포레나 노원'보다 입지도 우수하고, 자이나 힐스테이트, 푸르지오 같은 1군 건설사 브랜드를 갖춰 상계동 '한양'의 가치는 지금보다 훨씬 더 높아질 것으로 보인다. 또한 상계동 '한양'의 경우 평균 대지지분이 14.5평으로 넓은 편인 데다 3종 일반주거지역으로 위치해 현재 202% 용적률에서 더 높일 수 있을 것으로 보인다. 또한 주변에 위치한 주공 4, 5, 6단지도 재건축을 추진하고 있어 이 일대의 주거환경이 더욱 쾌적하게 변할 것으로 보인다.

추진위원회가 승인된 사업장은 용산구 '후암동제1구역 주택재건축정비사업', 송파구 '대림가락아파트 재건축정비사업', 금천구 '우창연립 주택재건축정비사업' 등이 있다.

사업시행인가 진행단계의 사업장에서는 강남구 '도곡삼호아파트 주택재건축정비사업조합', 용산구 '한강맨션아파트 주택재건축조합' '한강삼익아파트 주택재건축정비사업조합', 성북구 '정릉7구역 주택재건축정비사업조합', 서대문구 '홍제3구역 주택재건축정비사업조합', 금천구 '무지개아파트 일대 재건축정비사업조합', 강서구 '신안빌라 주택재건축정비사업조합'이 인기를 누릴 것으로 보인다.

현재 윤석열 정부의 재건축 관련 규제 완화는 천천히 이루어질 것으로 보인다. 이로써 재건축 사업에 물꼬가 트인다면 재건축 아파트의 가치는 점점 더 높아질 것이다.

외지인이 서울로 모일 수밖에 없는 이유에 주목하자

서울에 거주하지 않는 외지인들의 주택매입으로 주택공급이 꾸준히 이어지고 있는 분위기다. 지방보다는 서울로 수요가 모일 것이며, 서울에서는 특히 강남으로 수요가 집중되는 상황이 지속될 것이다.

모든 것을 갖춘 서울,
국내 최고의 입지인 이유

우리나라의 최대 도시이자 수도인 서울은 '부동산 불패 신화'를 써내려가고 있다. 서울은 대한민국 전체 면적(600.2km²)의 0.6% 정도로 작은 면적을 차지하고 있지만, 전체 인구 중 5분의 1이 거주하는 가장 밀집화되어 있으면서 가장 활발한 도시다.

여기에 경기도에서 서울로 출퇴근을 하는 유동인구까지 더하면 "우리나라 인구는 서울에만 집중되어 있다"는 말도 틀린 말이 아니다. 경기도 거주자는 서울을 떠나 있어도 서울을 찾을 수밖에 없어서 서울로 들어오려는 잠재 수요라고도 볼 수 있다.

그렇다면 왜 사람들은 서울로 모여들 수밖에 없는 것일까? 그 이유는 간단하다. 서울에 양질의 일자리가 풍부하고, 생활인프라가 다른 지역과 비교해 압도적으로 집중되어 있기 때문이다.

2020년 기준 100대 기업 중 70곳이 서울에 위치해 있어 많은 사람들이 서울로 집중될 수밖에 없다. 또한 대기업이 몰려 있는 인근 지역은 소득수준이 높아 자연스럽게 자녀들의 교육환경이나 주거환경, 생활인프라 등 정주 여건이 좋아지면서 주거선호도가 높아지기 마련이다. 여기에 서울을 찾는 사람들이 많아지면서 경기도나 인천에서 서울로 연결하는 교통환경 개선사업은 결국 서울의 가치를 한층 더 높여준다.

이처럼 서울 주거에 대한 수요는 많지만 한정적인 땅이기에 주택 공급에 제한이 생기며 서울 집값이 불패 신화를 쓰고 있다. 더불어 정치·경제·사회·문화 등 전 분야에서 가장 핵심적인 도심인 만큼, 세계가 휘청이는 글로벌 위기가 일어나지 않는다면 서울 집값은 단기간 조정이 있더라도 크게 떨어지거나 요동치는 경우가 극히 드물 것이다.

한편 이 같은 수도 집중화 현상은 비단 우리나라만 해당되는 것이 아니며, 전 세계적으로 각 나라의 수도는 집값 문제로 몸살을 앓고 있다. 집중화 현상에 따른 집값 상승은 공급이 확대되지 않고는 해결 되지 않는다. 대부분의 나라가 규제를 풀고 신규 주택공급을 늘리는 이유다.

서울 부동산 불패 신화는
앞으로도 쭉 계속된다

최근 몇 년 사이 서울에 거주하지 않는 타 지역 거주자들이 서울 주택매입에 뛰어들면서 수요 증가로 인해 서울 집값이 더욱 견고해지고 있는 분위기다. 한국부동산원의 거주지별 주택매매거래현황을 살펴보면 2022년 1~6월 기준 서울에 거주하지 않는 타 지역 거주자의 서울 주택매입 비중이 29.4%에 달하는 것으로 확인되었다. 이는 한국부동산원이 관련 통계를 작성하기 시작한 2006년(1~6월 기준) 이래 역대 가장 높은 비중이다.

서울 25개 자치구 중에서도 외지인 매입비중이 가장 많은 곳은 '용산구'로 조사되었다. 2022년 1~6월 용산구의 외지인 매입비중은

2006~2022년 상반기, 외지인들의 서울 주택매입 비중

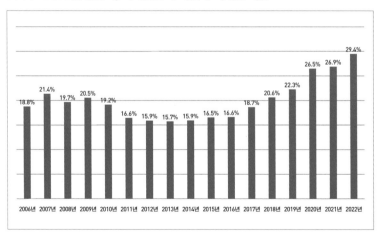

<자료_한국부동산원>

38.2%로 용산구 주택매매거래 10건 중 4건이 외지인이 사들인 것으로 확인되었다. 이는 관련 통계가 나온 2006년 이래 가장 높은 비중이며, 전년(28.5%) 대비 33.9% 상승률을 기록한 것이다. 이어 외지인들의 매입비중이 두 번째로 높은 곳은 금천구로 나타났다. 금천구의 외지인 주택매입 비중은 37.1%로 전년(25.0%) 대비 48.5%의 상승률을 보였다.

뒤를 이어 강서구 36.5%, 영등포구 35.7%, 양천구 34.2%, 동작구 33.8%, 송파구 31.7%, 동대문구 31.4%, 강북구 30.5%, 관악구 30.1%, 강동구 29.2%, 마포구·도봉구 29.0%, 중구 28.0%, 구로구 27.8%, 은평구 27.2%, 서대문구·성동구 26.8%, 종로구 26.5%, 중랑구 26.5%, 서초구 25.8%, 강남구 24.9%, 노원구 24.2%, 광진구 21.2%, 성북구 17.0% 등으로 조사되었다.

이렇게 서울에 거주하지 않는 외지인들의 주택매입으로 주택공급이 꾸준히 이어지고 있는 분위기다. 지방에서 서울로 수요가 모이고, 서울에서는 특히 강남으로 수요가 집중되는 상황이 지속될 것으로 보인다.

집을 선택하는 데 있어서 가장 중요한 것은 역시 '입지'다. 브랜드와 주택규모, 생활인프라도 중요하겠지만 결국 삶의 질을 좌우하는 것은 입지인 만큼, 입지만 잘 따져본다면 부동산 투자에 성공할 수 있다.

물론 직장과의 접근성과 기존 거주지역과 인접하는 곳으로 찾아볼 수 있겠지만, 부동산 가치 기준으로 평가한다면, 앞으로 가격상승이 이루어질 곳을 파악할 줄 알아야 한다. 경기도와 인천에서 미래가 기대되는 지역에 접근한다면 부동산 자산가치뿐만 아니라 삶의 만족도도 높아질 수 있기 때문에 데이터를 기반으로 한 입지 분석은 필수다. 경기도와 인천에서 어느 지역이 유망한지, 그리고 지역별로 부동산시장은 어떤지 4장에서 파악해보자.

4장

공급 정책의 핵심 '수도권'_
수도권 부동산시장의 흐름

비싼 집값에 짐 싸는 주거 난민, '탈서울'은 가속화된다

서울에서 경기·인천 등으로 빠져나가는 '탈서울' 인구는 2021년에만 40만 명에 달했다. 또한 통계청의 서울 전출 인구를 살펴보면, 2017년부터 2021년까지 서울에서 경기·인천으로 전출한 인구는 총 198만 8,068명에 달했다.

서울 거주자, 내 집 마련을 위해
경기·인천으로 눈길 돌린다

과거에도 서울에서 내 집 마련하는 것은 쉽지 않았다. 그런데 최근 들어 서민들의 내 집 마련 진입장벽은 갈수록 더 높아지고 있다. 소득보다 서울 집값이 더 빠르게 올라가면서 주거 불안감을 느낀 서울 세입자들에게 '서울에 셋집을 사느니 차라리 경기도나 인천에 집을 사자'라는 심리가 생기면서 서울 인근 지역으로 주거지를 옮기는 추세가 강해지고 있다.

실제로 서울에서 경기·인천 등으로 빠져나가는 '탈서울' 인구는

2017~2021년, 서울 거주자의 경기·인천 전출 인원 수

지역	2017년	2018년	2019년	2020년	2021년
경기	342,433	368,536	334,293	375,867	362,116
인천	40,485	41,233	38,571	39,875	44,859

<자료_통계청>

2021년에만 40만 명에 달하는 것으로 확인되었다. 통계청의 서울 전출 인구를 살펴보면, 2017년부터 2021년까지 서울에서 경기·인천으로 전출한 인구는 총 198만 8,268명에 달했다. 2017년 38만 2,918명, 2018년 40만 9,769명, 2019년 37만 2,864명, 2020년 41만 5,742명, 2021년 40만 6,975명 등 5년간 매년 약 40만 명이 서울을 벗어나 인근 지역으로 밀려났다.

지역별로 나눈다면 2021년에 서울에서 경기도로 36만 2,116명이 빠져나갔고, 인천으로 4만 4,859명이 거주지를 옮겨갔다. 이렇게 서울 거주자들이 경기·인천으로 몰리면서 타 지역 거주자의 아파트 매입비중도 증가하는 추세다.

한국부동산원 자료를 살펴보면, 2022년 상반기에 경기도와 인천의 아파트 매매거래량 3만 3,477건 가운데 서울 거주자가 사들인 건수는 7,359건으로 전체의 16.9%에 달한 것으로 조사되었다. 2017년 서울 거주자의 경기·인천 매입비중이 14.1%에 달했던 것과 비교하면 2.8%나 증가했다.

2022년 상반기를 기준으로 서울 거주자가 가장 많이 사들인 경기도 지역은 '고양시'로 837건이 거래되었다. 이어 평택시 439건, 용인시 430건, 남양주시 388건, 의정부시 362건, 부천시 352건, 김포시 309건, 성남시 292건, 광명시 264건, 수원시 246건, 파주시 244건 등으로 확인되었다.

서울 거주자가 인천에서는 '부평구'를 가장 많이 사들였다. 2022년 상반기를 기준으로 부평구에서 215건을 사들였고, 서구 194건, 미추홀구 142건, 계양구 139건, 남동구 112건, 연수구 81건 등으로 확인되었다.

2022년 들어 서울 주택가격이 일부 조정되고 있지만, 서울 집값이 큰 폭으로 조정될 가능성은 아무래도 낮다. 그러므로 서울 거주자들이 경기도와 인천으로 빠져나가는 현상은 한동안 지속될 것으로 보인다.

서울 접근성이 개선된 지역의 주택은
수요가 증가할 수밖에 없다

서울 주택가격과 비교해 경기·인천 지역의 주택가격이 비교적 저렴하더라도 최종적으로 주택구입까지 결정하기란 쉽지 않다. 오랫동안 살던 지역에서 멀리 벗어나 새 둥지를 트는 것은 현실적으로 어려운 일이기 때문이다. 그렇다면 가격 이외에 구입을 유도하는 특별한 요소가 있어야 하는데, 이를 해결해주는 것이 광역교통망 개선 등의 교통 호재다.

서울 거주자들은 직장과 교육 등의 이유로 서울 생활권을 포기할 수 없다. 하지만 경기와 인천 지역에서 교통환경이 개선되어 서울로 출퇴근할 때 이동시간이 단축된다면 서울 거주자들에게 충분히 매력적인 지역이 된다. 뿐만 아니라 이렇게 주택 매수 수요가 생긴다면 향후 가격 상승도 기대할 수 있어 교통환경이 개선되는 지역을 중심으로 서울 거주자들의 관심은 지속될 수밖에 없다.

모든 걸 갖췄지만 노후화에 접어든 1기 신도시, 향후 전망은?

국회에 발의된 1기 신도시 관련 법안들을 살펴보면 상황은 매우 긍정적이다. 장기적으로 본다면 1기 신도시의 부동산 가치는 올라갈 수밖에 없다. 1기 신도시에 관심을 가지면 돈을 벌 기회가 온다는 점을 강조하고 싶다.

'30년의 기다림' 1기 신도시, 특별법의 닻을 올릴까?

윤석열 정부의 '1기 신도시 정비사업 특별법' 공약으로 일대 아파트들의 재건축에 대한 기대감이 커졌다. 여기에 김동연 경기도지사도 1기 신도시 재건축 의지가 강해 재건축 사업에 힘을 실었다. 원희룡 국토교통부 장관도 "1기 신도시 특별법은 정부 마스터플랜과의 연계가 바람직하다"며 "지자체와 중앙정부, 주민들의 의견을 받아들여 여러 문제를 망라한 마스터플랜을 가급적 빨리 세우고, 이를 뒷받침하는 입법이 되는 게 바람직하다"고 언급했다. 앞으로 1기 신도시에 큰 변화가 예상된다.

1기 신도시는 집값 안정과 주택난을 해소하기 위해 건설되었고, 이제 준공된 지 30년 이상이 지나 지역 주민들 사이에선 주택 노후화에 대한 우려가 쏟아져 나오고 있는 상태다. 주택 배관 노후와 주차난, 층간소음 등의 문제로 1기 신도시의 재건축 필요성은 계속해서 제기되어왔다.

이런 가운데 정부와 경기도청 모두 '노후 신도시 재정비'를 중점 과제로 내놓으면서 제도적 기반을 다지기에 유리한 상황이 마련되었다. 김동연 경기도지사는 재건축 사업성을 높이기 위해 주거지역 용적률을 최대 500%까지 보장하겠다고 밝혔고, 여기에 안전진단 기준 완화와 예비타당성조사 면제, 광역교통대책 인센티브, 세금 부담 완화 등을 이야기했다. 1기 신도시에 대한 개발 규제를 풀고, 주거환경을 개선하겠다는 것이다.

현재 1기 신도시의 평균 용적률은 일산 169%, 분당 184%, 평촌 204%, 산본 205%, 중동 226% 등으로 평균 용적률이 200% 정도에 설정되어 있다. 향후 1기 신도시 특별법을 통해 300~500% 수준까지 용적률을 끌어올릴 경우 재개발 이후의 1기 신도시의 아파트 물량은 40만~50만 가구 정도로 늘어날 것이라 분석된다. 이렇게 늘어난 아파트 물량을 시장에 공급해 가격을 진정시키고 안정적인 주거환경을 만들겠다는 것이 김동연 경기도지사의 포부다.

1기 신도시 주택소유자들은 이 같은 소식을 반기는 분위기다. 실제로 국토연구원이 1기 신도시 주택소유자 546명을 대상으로 '주택에 대한 인식변화와 주택 재정비 방식'에 대한 설문조사를 벌인 결과, 46.2%가 재건축을 선호한다고 밝혔다. 지역별로는 분당이 57.1%로 가장 높았고, 이어 평촌 44.7%, 산본 44.4%, 중동 41.6%, 일산 40.3% 순으로 확인되었다.

재건축 외에 리모델링도 주민의 35.9%가 선호하는 것으로 나타났다. 산본이 41.3%로 가장 높았고, 이어 중동 36.6%, 일산 36.0%, 평촌 35.0%, 분당 33.6% 순이다. 소유자들은 제약 조건이 없다는 전제하에 재건축에 1억 8,000만 원까지, 리모델링과 동별 전면 개조에 1억 원까지 부담이 가능하다고 밝혔다.

1기 신도시에
큰돈 벌 기회가 있다

정부와 지자체, 주택소유자들이 모두 1기 신도시 재정비에 집중하면서 분위기가 달아오르자 1기 신도시에 거주하지 않는 타 지역 거주자들의 1기 신도시 아파트 매입비중도 계속 급증하는 추세다.

한국부동산원의 거주지별 아파트 매매거래현황을 살펴보면, 2022년 상반기(1~6월)에 경기 성남시 분당구의 아파트 매매거래량은 1,139건으로 나타났다. 이 중에서 분당에 거주하지 않는 타 지역 거주자의 아파트 매입은 309건으로 조사되어 외지인 매입비중이 27.1%에 달했다. 이 수치는 2011년 이래 가장 높은 매입비중이다.

일산의 경우 외지인들의 아파트 매입비중이 분당보다 높은 것으로 확인되었다. 일산서구의 경우 2022년 상반기에 아파트 매매거래량이 1,169건으로 조사되었다. 이 중 외지인 매입 건수는 469건으로,

일산에 거주하지 않는 사람이 일산 아파트를 사들인 비중이 40.1%에 달했다. 이는 한국부동산원이 관련 통계를 작성하기 시작한 2006년 이래 가장 큰 비중이다. 즉 일산아파트 매매거래 10건 중 4건은 타 지역 거주자가 사들였다는 셈이다.

산본신도시를 품은 군포시도 외지인 아파트 매입비중이 31.3%로 조사되어 역대 최고치를 기록했다. 이 외에도 평촌을 품은 동안구도 28.1%가, 중동을 품은 부천시도 28.6%가 타 지역 거주자가 사들인 것으로 조사되었다.

이처럼 재건축이든 리모델링이든 어떤 형태로든 1기 신도시가 크게 변화될 수 있다는 기대감에 타 지역 거주자들이 주택을 사들이면서 이 일대에 대한 관심이 쏟아지고 있다. 결국 용적률과 예비타당성조사 면제, 인허가 절차 간소화, 재건축 초과이익환수제 완화, 세입자 이주대책 재정착 등을 포함한 관련 법안이 그대로 반영만 된다면 사업성은 더욱 크게 오를 것이고, 이 일대의 부동산 가치도 더욱 높아질 것으로 보인다.

다만 특별법 제정을 둘러싼 특혜 논란도 있어 1기 신도시 사업의 계획 일정이 언제가 될지 아직은 미지수다. 우선 국회 입법 과정이 순조롭지 않을 가능성이 크다. 국회의원들이 제출한 특별법에는 용적률 상환뿐만 아니라 조세 및 각종 부담금 완화까지 포함되어 있기 때문이다.

국회에 발의된 1기 신도시 관련 법안들을 살펴보면, 개발이익환수법에 따른 부담금과 지방세, 교통유발부담금, 환경개선부담금 등을 감면하자는 내용도 포함되어 있어서 1기 신도시 외에도 서울의 30년

이 넘는 재건축 단지들까지 말이 나올 수 있다.

이런 이유로 당장 실현되지 않는다고 하더라도 정부가 말을 꺼냈고, 지자체에서도 관심을 두고 있다는 것만으로도 상황은 긍정적이다. 하루아침에 재건축이 되지는 않기 때문에 단기적인 시각이 아닌 장기간으로 본다면 1기 신도시의 부동산 가치는 올라갈 수밖에 없을 것으로 보인다.

수도권 아파트, 향후 돈 될 곳은 어디인가?

아파트 가격을 결정하는 요인 가운데 '입지 조건'은 언제나 상위에 자리 잡는다. 가격이 수요와 공급에 의해 결정되는 것처럼, 주거선호도가 높은 입지는 수요가 많이 몰리게 되고 그러니 높은 가격을 형성할 수밖에 없다.

부동산은 역시 입지, 좋은 입지의 전제조건은 무엇인가?

집을 선택하는 데 있어서 "첫째도 입지, 둘째도 입지, 셋째도 입지"란 말이 있다. 그만큼 입지는 부동산에서 가장 중요한 요소다. 브랜드와 주택규모 등도 중요하지만 결국 삶의 질을 좌우하는 것은 입지인 만큼, 이를 잘 따져본다면 부동산 투자에서 성공할 수 있다. 직장과의 접근성이 좋고 기존 거주지역과 인접한 곳을 선택하는 경우가 대다수겠지만, 부동산 가치를 높이고 자산 확대의 비중을 높이겠다면 미래가치가 월등한 입지를 선택해야 할 것이다.

서울의 아파트 가격이 고가인 것은 양질의 교통과 학군, 문화 등 전국에서 가장 탄탄한 생활인프라를 갖추었기 때문이다. 경기도에서도 서울과 인접한 경기도 지역이 비싼 이유도 같은 맥락이다. 경기도에서도 입지에 따라 주택가격 격차가 크게 벌어져 양극화 현상은 더욱 심해지고 있다. 쉽게 이야기하면 경기도에서도 서울, 특히 강남 접근성과 지역 자립도가 높은 곳의 부동산 가치가 점차 높아지고 있는 것이다.

　　대표적으로 1기 신도시를 예로 들 수 있다. 1기 신도시인 분당과 일산의 아파트 가격 격차가 계속해서 벌어지는 이유도 여기에 있다. KB부동산의 주택가격 동향을 살펴보면, 2017년 6월 기준 성남시 분당구의 3.3㎡당 아파트 평균 매매가격은 2,280만 원, 고양시 일산동구는 1,329만 원으로 두 지역 간의 아파트 가격 격차는 950만 원 수준이었다. 이후 2022년 6월 성남시 분당구의 3.3㎡당 아파트 평균 매매가격이 5,001만 원으로 5,000만 원을 돌파하며 5년간 119.3% 상승률을 보인 반면, 같은 기간에 고양시 일산동구는 2,173만 원으로 5년간 63.5% 상승하는 데 그쳤다. 1기 신도시 중에서도 서울, 그것도 강남과의 접근성에 따라 아파트 가격 상승률이 천차만별이란 것을 알 수 있다.

　　1기 신도시에서도 고양시의 아파트 가격 상승률이 저조한 까닭은 일자리가 없는 베드타운인 데다 강남 접근성이 상대적으로 떨어지기 때문이다. 이런 문제를 개선하기 위해 고양시는 장항동 일대에 테크노밸리와 영상밸리를 조성해 4차 산업의 전초기지로 육성함으로써 신규 일자리를 창출하겠다고 밝혔지만, 기존 일자리가 많은 지역과의 접근성이 다른 1기 신도시보다 떨어져 가격 상승에 한계를 보일 수밖에 없는 실정이다.

실제로 일산에는 이렇다 할 기업체가 없다. 기업체가 아닌 호텔과 오피스텔 등 숙박시설로 채워지고 있는 것도 문제다. 또한 3기 신도시 창릉지구 조성으로 향동지구역(가칭), 지구 내 3개역, 화정지구역, 대곡역, 고양시청역 등의 7개 지하철이 신설될 예정이지만, 서울로 오가는 일산·파주운정의 출퇴근 러시아워로 대중교통망은 포화상태다. 여기에 창릉신도시까지 들어서면 출퇴근 전쟁은 앞으로 더욱 악화될 수 있다.

반면 같은 1기 신도시로 시작된 분당은 기존의 분당선에 '신분당선 개통'이라는 교통 호재까지 더해져 강남 접근성이 획기적으로 좋

2017년 6월~2022년 6월, 분당·일산 아파트 실거래가 현황

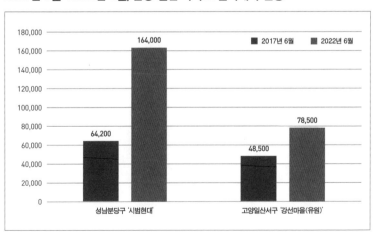

<자료_국토교통부실거래가통계시스템>

아지면서 부동산 가치가 고공 행진하고 있다. 실제로 이들의 아파트 가격 상승세는 실거래가로 더욱 쉽게 확인할 수 있다.

국토교통부의 실거래가 통계시스템에 따르면, 경기 성남분당구 서현동 일대에 위치한 '시범현대' 전용면적 84.57m²의 경우 2017년 6월 14일 6억 4,200만 원(17층)에 실거래가 이루어졌지만, 2022년 6월 18일에는 16억 4,000만 원에 팔려 5년간 10억 원 상당 올랐고 155.5% 상승률을 보였다.

이에 비해 경기 고양 일산서구 주엽동 일대에 있는 '강선마을(유원)' 전용면적 84.63m²의 경우 2017년 6월 26일 4억 8,500만 원(5층)에 거래되었지만, 2022년 6월 11일에는 8억 1,000만 원(5층)에 손바뀜되며 5년간 3억 2,500만 원 올랐고 67% 상승해 비교적 낮은 상승폭을 보였다.

주거트렌드는 변해도 입지는 안 변한다, 무엇을 따져봐야 하나?

부동산의 가치는 입지에서 비롯된다. 입지만 잘 선택해도 상승세에 올라탈 수 있다. 그렇다면 어떤 입지를 선택해야 할까? 좋은 입지의 전제조건은 교통, 교육, 생활인프라, 이렇게 3가지로 볼 수 있다.

첫 번째로 가장 중요하게 여겨야 할 것이 사통팔달의 편리한 교통망이다. 편리한 교통망은 전월세 수요층을 유입시켜 경기 불황에도 임대 및 매매시장에서 경쟁 우위를 점할 수 있다. 또한 경기 호황기에는 상대적으로 집값이 더 많이 뛰어 시세차익을 얻을 수 있고, 그

반대일 경우에도 가격 방어가 탄탄하다. "길 따라 돈이 보인다"라는 부동산 명언이 생긴 이유도 여기에 있다. 대중교통 중에서 선호도가 가장 높은 지하철 인근 역세권 입지가 어렵다면 큰 도로 환경이 갖춰진 입지, 광역버스가 집중된 입지 순으로 택하는 것이 좋다.

두 번째로는 교육환경이다. 맹자의 어머니가 자식의 교육을 위해 세 번의 이사를 했다는 '맹모삼천지교'란 고사처럼 주거지 선택에 있어 교육환경은 우리나라 특유의 중요한 척도다. 안전하고 올바른 교육을 받게 하려는 부모들의 마음에 초등학교와 중학교, 고등학교가 인접한 단지는 언제나 인기가 높다. 도보 통학이 가능해 자녀의 안전이 확보된다는 점도 주목할 만하다.

세 번째는 높은 주거 편의성이다. 모든 편의시설이 이용 가능한 원스톱 라이프 단지라면, 다른 지역으로 이동할 필요 없이 인근에서 편의시설 이용이 가능하다. 특히 단순히 쇼핑만 즐길 수 있는 마트나 백화점과 달리 다양한 상업시설이 밀집한 대형 상권의 입지는 은행, 관공서, 문화, 여가 생활을 누릴 수 있다는 장점도 있다.

아파트를 고를 때 입지 요건의 우선순위는 각자 상황에 따라 차이가 있겠지만, 부동산 가치를 고려한다면 교통환경을 가장 우선시해야 할 것이다. 그다음으로는 아이들의 학군, 그다음으로는 편의시설을 중요시해야 할 것이다.

아파트 가격을 결정하는 요인 가운데 입지 조건은 언제나 상위에 자리 잡는다. 가격이 수요와 공급에 의해 결정되듯이, 주거선호도가 높은 입지는 수요가 많이 몰리게 되고 그러니 높은 가격을 형성할 수밖에 없다.

미래가 기대되는 도시 _
경기 평택, 경기 용인

경기도에서는 평택시와 용인시가 유망할 것으로 보인다.

우선 평택의 경우 '일자리 성지'로 꼽히고 있다. 삼성전자를 중심으로 일자리가 넘쳐나 인구수가 가파르게 증가하고 있고, 고덕국제신도시와 지제역 인근으로 수많은 아파트 단지가 들어서면서 유입되는 수요를 채우고 있다. 실제로 삼성전자 평택사업장은 2022년 말에 3공장을 완공한 뒤에 4~6공장 착공에 돌입할 예정이다. 이와 함께 삼성전자는 평택에 공장 6곳을 운영하겠다고 밝혔다. 공장 하나에 30조 원이 투입되는 '단군 이래 최대 공사'로 불린다.

노조와 사측 간 갈등으로 종종 사업장이 폐쇄되는 조선소나 아파트 현장보다 반도체 공장이 훨씬 안정적이기 때문에 일자리를 찾아 많은 사람이 평택에 몰리고 있다. 여기에 삼성전자가 향후 반도체 투자 금액을 구체적으로 밝히진 않고 있지만, 지속해서 투자를 이어갈 것으로 예상된다. 이렇게 일감이 넘치자 평택시의 분위기도 달라지고 있다.

그러다 보니 "블랙홀처럼 인구를 빨아들였다"는 말이 나올 정도로 평택의 인구수도 치솟고 있는 분위기다. 삼성전자 평택사업장이 첫 삽을 뜬 2015년만 하더라도 평택시의 인구수는 45만 532명이었지만, 2022년에는 57만 3,987명이 되었다. 7년 만에 인구가 무려 27.5%(12만 3,455명)나 증가한 것이다.

평택시는 일자리가 풍부해 인구 유입이 활성화되고, 부동산시장도 활기를 띠고 있다. 앞으로 삼성전자와 거래하는 부품업체들이 산

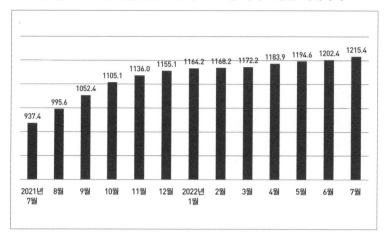

<자료_KB부동산주택가격 동향>

업단지 등에 추가로 입주하면 더 많은 인구가 몰릴 것이고 더 큰 경제적 효과를 불러올 수 있는 만큼, 평택시의 부동산시장은 앞으로도 긍정적일 것으로 보인다.

실제로 KB부동산의 주택가격 동향을 살펴보면, 평택시의 3.3m²당 아파트 평균 매매가격은 2021년 7월에 937만 원으로 나타났지만, 2022년 7월에는 1,215만 원으로 29.7% 상승률을 기록했다.

국토교통부의 실거래가 통계시스템에 따르면 경기 평택시 지산동에 위치한 '우성아파트' 전용면적 84.765m²는 2021년 7월 17일에 2억 1,000만 원(5층)에 거래되었지만, 정확하게 1년이 지난 2022년 7월 17일에는 3억 원(5층)에 실거래가 이루어져 1년간 무려 42.8%의 상승률을 보였다.

평택시 장안동 일대에 있는 '평택장안마을코오롱하늘채' 전용면적 84.9448m²도 2021년 7월 11일에 3억 3,000만 원(12층)으로 계약이 이루어졌지만, 해당 아파트의 동일면적이 2022년 7월 25일에 4억 2,000만 원(13층)으로 손바뀜이 일어나면서 1년간 27.3%의 상승률을 기록한 것으로 나타났다.

이렇듯 평택 부동산시장은 풍부한 일자리를 바탕으로 경기도에서도 탄탄한 상승세를 거듭하고 있는 것으로 보인다.

경기도에서 평택시에 이어 두 번째로 주목할 곳은 용인시다. 난개발과 교통난으로 몸살을 앓던 용인이 변화를 꾀하고 있기 때문이다.

용인에서도 수지 쪽이 굉장히 잘나가는 건 어제오늘 일이 아니다. 수지구는 광교신도시와 판교신도시, 분당 등 주변 집값에 영향을 받아 중간에 위치한 수지도 자연스레 집값이 올라가고 있다.

수지구뿐만 아니라 처인구 부동산시장도 개발호재의 영향을 받아 긍정적인 분위기를 이어가고 있다. 용인시의 대표적인 개발호재는 '용인 플랫폼시티 개발 사업'이다. 2018년부터 추진중인 용인 플랫폼시티는 지식기반 첨단산업과 함께 R&D, 중심상업업무, 주거 및 다양한 문화복지시설 등이 용인시 기흥구와 수지구 일대 한곳에 모여 개발되는 복합 신도시다. 교통부터 산업, 문화시설 등의 각종 대규모 생활인프라가 갖춰지면서 도시 분위기가 달라지고 있고, 처인구도 이 영향을 받아 가격 상승을 거듭하고 있다.

처인구의 핵심 호재는 SK하이닉스가 조성하는 '용인 반도체 클러스터'다. '용인 반도체 클러스터'는 용인시 처인구 원삼면 일대에 415만m²(약 125만 평) 부지에 SK하이닉스가 반도체 공장 4개 동을 준공하는 반도체 중심 일반산업단지다. 여기에 SK하이닉스가 투자하는 120조 원, 용인일반산업단지가 기반 인프라 조성에 투자하는 1조 7,900억 원 등을 포함해 약 122조 원이 투입된다. 토지 보상도 70% 이상 완료되면서 본격적인 공사에 돌입할 수 있게 되었고, 계획대로 진행되면 산업단지 조성은 2025년에 마무리될 것으로 보인다.

SK하이닉스뿐 아니라 반도체와 관련된 소재·부품·장비 협력화단지에 50개 기업도 입주한다. 이에 따라 3만 1,000여 명의 일자리 창출효과, 514조 원의 생산 유발효과, 189조 원의 부가가치 창출효과가 기대된다. 서울대 경제연구소는 용인 반도체 클러스터의 직·간접적인 고용 유발효과만 37만 명에 달할 것으로 예상했다.

이처럼 지역경제가 활발해지자 용인시 처인구의 아파트 가격도

2021년 7월~2022년 7월, 경기 용인시 처인구 3.3m²당 아파트 평균 매매가격

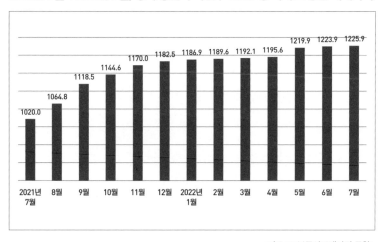

<자료_KB부동산주택가격 동향>

상승세를 보이고 있다. 용인시의 3.3m²당 아파트 평균 매매가격은 2021년 7월에 1,020만 원에서 2022년 7월에는 1,225만 원으로 1년간 20.2% 상승한 것으로 확인되었다.

실제로 경기 용인시 처인구 고림동 일대에 위치한 '예진마을 인정 피렌체 2단지' 전용면적 84.9801m²는 2021년 7월 31일에 2억 6,000만 원(15층)으로 거래되었지만, 2022년 7월 23일에는 3억 3,300만 원 (15층)에 거래되어 1년간 26.9%의 상승률을 보이기도 했다.

용인시에 개발이 이루어지면서 용인시는 특례시로 선정되기도 했다. 특례시는 광역시와 기초지방자치단체 중에서 인구 100만 이상 대도시에 붙는 명칭이다. 용인시는 인구가 계속 늘어나고 있어 지역 경제도 더욱 활성화될 것으로 보인다.

미래가 기대되는 도시 _
인천 청라국제도시

인천에서는 청라국제도시를 주목할 필요가 있다. 그동안 교통이 불편했던 청라국제도시는 2022년 2월에 7호선 연장선이 착공에 돌입하면서 서울 접근성이 대폭 개선될 예정이다.

7호선 연장선은 7호선 종점역인 석남역에서 청라국제도시역까지 약 10.7km를 이어주는 노선으로, 2007년 도시철도기본계획 구성에 포함된 지 15년 만에 착공을 시작했다. 7호선 연장선은 2027년 12월 개통을 목표로 사업이 진행된다. 7호선 연장선 개통 시 청라에서 서울 주요 업무지구인 강남까지 환승 없이 한 번에 이동이 가능하고,

주요 환승역까지 시간도 대폭 단축되어 청라 주민들의 출퇴근 편의가 크게 개선될 전망이다.

이러한 교통 호재 외에도 청라국제도시에는 각종 개발호재가 가득하다. 코스트코와 스타필드 등 각종 쇼핑 시설이 조성될 예정인 데다 하나금융단지와 아산병원 등 양질의 일자리가 가득한 시설들까지 들어올 예정이다. 대규모의 청라 호수공원이 위치해 힐링 라이프도 가능하다.

7호선 연장 소식으로 청라 일대 아파트에 관심이 늘어나면서 가격 상승도 이루어지고 있지만, 지하철이 본격적으로 개통되는 시점에는 지금보다 훨씬 높은 가치를 인정받을 것으로 예상된다.

수도권 입주물량으로 예측하는 부동산시장의 미래

해당 지역의 아파트 입주예정물량을 살펴보면서 해당 지역에 얼마나 공급이 이루어지는지, 그리고 수요가 받쳐줄 수 있는지 파악하는 것이 좋다. 입주물량은 부동산을 분석하는 중요한 지표 중 하나임이 분명하다.

부동산에서 입주물량 데이터는
왜 중요한가?

부동산시장에서 입주물량은 반드시 체크해야 할 중요한 요소 중 하나다. 입주물량에 따라 집값 상승률이 달라지는 데다 전세시장까지도 직접적인 영향권에 들어가기 때문에 해당 지역의 입주물량은 필수적으로 확인하는 것이 좋다.

가령 해당 지역에 입주물량이 증가하면 대기수요가 감소해 집값 하락 요인이 되기도 하며, 입주를 앞두고 전세 매물이 쏟아져 전세가 큰 낙폭을 보일 수 있다. 그 반대일 경우에는 공급이 이루어지지 않아 집값과 전셋값이 모두 상승할 가능성이 크다.

실제로 옛 가락시영아파트를 재건축한 '송파 헬리오시티'는 입주물량이 무려 9,510가구로 대규모 물량이 쏟아지면서 일부 지역에선 집주인이 세입자를 구하지 못하는 역전세난 문제가 일기도 했다. 당시 헬리오시티 전세는 8억 원까지 거래되었는데, 자금이 급한 사람들은 6억 5,000만 원까지 호가를 낮춰 내놓는 등 입주 초기에 입주물량이 많아 전세시장이 하락하기도 했다.

또한 2008년 '잠실주공아파트' 재건축으로 1만 8,000가구가 한 번에 입주했을 때는 강동구과 강남구, 광진구까지 영향이 미치기도 했다. 매머드 단지이다 보니 주변 지역에도 큰 영향을 준 것이다. 이렇듯 입주물량은 전세시장뿐만 아니라 매매시장에도 영향을 미치기 때문에 입주물량을 면밀히 살펴보는 것이 중요하다.

아파트 입주예정물량을 살펴보면, 2022년 경기도 아파트 입주예정물량(임대 제외)은 8만 7,000여 가구이며 2023년에는 8만 8,000여 가구로 소폭 상승할 것으로 전망된다. 단순히 입주예정물량으로 본다면 2022년보다 2023년에는 늘어나 큰 변동이 없을 것으로 보이지만 불과 3~4년 전으로 돌아가 비교해보면 입주물량이 대폭 줄어든 것을 알 수 있다. 2017년에는 경기도 아파트 입주물량이 10만 가구에 달했고, 2018년에는 14만여 가구, 2019년에는 10만 가구 등이었다. 즉 과거와 비교한다면 경기도의 아파트 입주물량은 줄어들었다.

반면 인천은 상황이 조금 다르다. 인천시에 따르면 인천 아파트 입주물량은 2019년에 1만 3,679가구, 2020년에는 1만 1,429가구였다. 2021년에는 2만 88가구가 공급되는 등 2019년부터 2021년까지 비슷한 수준의 입주물량을 보였다. 하지만 2022년부터 인천시에 역대급 입주물량인 4만 1,943가구가 시장에 풀린다. 여기에 2023년에는 4만 5,000여 가구, 2024년에는 2만 8,000가구, 2025년에는 7만여 가구가 풀려 인천 일부 지역에선 전셋값과 매맷값이 조정될 가능성이 있다. 인천시에 위치한 검단신도시가 본격적으로 입주를 시작하고, 송도와 영종도 등에서 공급한 아파트들도 입주 스타트를 끊으면서 공급 폭탄이 이어지고 있는 것이다.

이렇듯 경기도와 인천의 아파트 입주물량은 다른 방향으로 흘러가기 때문에 각각 분리해서 볼 필요가 있다. 또한 더욱 세밀하게 지역으로 나눠서 살펴본다면, 더욱 구체적으로 입지를 선정하는 데 도움이 된다.

입주물량이 뚜렷하게 감소하는 지역을 각별히 주목하자

우선 경기도에선 입주물량에 큰 변화가 두드러질 것으로 전망된다. 도내 아파트 입주물량이 예전보다 많지 않은 데다 서울 아파트 입주물량이 늘어나고 있지 않기 때문이다. 서울의 입주물량이 늘어나면 경기도를 찾는 수요가 줄어들 수 있지만, 서울의 입주물량은 여전히 적기 때문에 서울 거주자가 경기도 아파트로 관심을 돌릴 수 있다.

그렇다면 경기도 중에서 아파트 입주물량이 뚜렷하게 감소하는 곳을 각별히 주목할 필요가 있다. 대표적인 지역으로 평택시, 구리시,

2010~2025년, 경기 평택시 아파트 입주물량

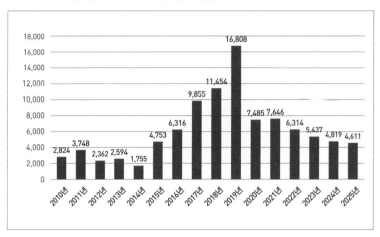

<자료_아실(데이터 집계 기준_2022년 9월 15일)>

의왕시, 남양주시를 꼽을 수 있다.

평택시의 아파트 입주예정물량을 살펴보면, 지난 2019년에 1만 6,800여 가구로 역대 최고치를 기록한 뒤 매년 하락세를 보이고 있다. 2022년에는 6,300가구, 2023년에는 5,400가구, 2024년에는 4,800여 가구로 입주물량이 갈수록 줄어들 것으로 보인다.

이렇게 입주물량이 줄어들면 공급에 비교해 수요가 많아질 수 있어 아파트 전셋값이 올라갈 가능성이 있다. 특히 평택시는 고덕국제신도시와 삼성반도체공장 등의 대기업 직원들의 수요가 있어 전셋값뿐만 아니라 매매가격에도 영향을 미칠 수 있을 것으로 전망된다. 삼성반도체공장은 P1, P2라인 가동에 이어 P3공장 신축 공사를 진행 중이며, 차후 P6라인까지 대규모 증설을 계획하고 있다. 이렇게 근무

인력이 늘어날수록 전세 수요가 증가하기 때문에 갭투자로 접근하기에도 좋은 환경인 것으로 분석된다.

실제로 평택시를 찾는 외지인 매입비중도 빠르게 늘고 있다. 상반기 기준 외지인들의 평택 아파트 매입비중은 2017년 19.9%, 2018년 19.6%, 2019년 14.7%에 그쳤지만, 2020년 들어서는 26.1%, 2021년 31.1%, 2022년 30.8% 등 갈수록 높은 수치를 기록하고 있다. 특히 2022년 상반기 서울 거주자의 아파트 매입비중은 2008년 이후 가장 높은 12.1%를 차지해 서울에 거주하는 사람들이 평택시의 아파트들을 사들이고 있는 것으로 확인되었다.

두 번째로 주목해야 할 지역은 구리시다. 2017년에 아파트 입주물량이 최고점을 찍은 뒤 2018년에 2,200여 가구, 2019년에는 0가

2010~2025년, 경기 구리시 아파트 입주물량

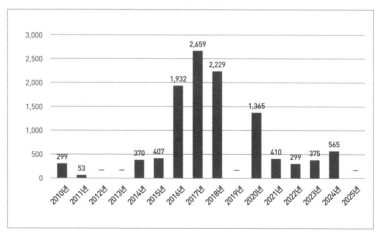

<자료_아실(데이터 집계 기준_2022년 9월 15일)>

구를 기록했고, 2020년엔 1,300여 가구로 늘었다. 이어 2021년에는 410가구로 줄었고, 2022년에는 300여 가구, 2023년에도 400여 가구를 넘지 않는 입주물량을 보이고 있다.

인근 남양주시 역시 입주물량이 눈에 띄게 줄고 있어 인접 지역으로 수요가 빠져나갈 가능성이 낮으며, 각종 개발호재로 신규 수요 유입도 예상된다. 2023년에 8호선 연장선인 장자호수공원역, 동구릉역, 구리역이 개통을 앞두고 있기 때문이다. 8호선이 개통되면 잠실과 강남 접근성이 좋아져 이 일대에 직장을 둔 수요자들을 흡수할 수 있을 것으로 보인다.

구리시를 찾는 외지인 아파트 매입비중도 역대 최고치를 기록하고 있는 분위기다. 상반기 기준으로 2022년에 외지인의 구리시 아파트 매입비중은 46.6%로, 관련 통계가 작성된 2006년 이래 가장 높은 비중을 차지했다. 특히 서울 거주자들이 구리시 아파트를 대거 매입한 것으로 분석된다. 2017년에 서울 거주자의 구리시 아파트 매입비중은 24.0%를 보였지만, 2018년 27.5%, 2019년 28.9%, 2020년 25.9%, 2021년 39.1%로 증가세를 보이는 등 구리시 아파트에 대한 서울 거주자들의 관심이 커지고 있는 것으로 확인되었다.

세 번째로 살펴볼 지역은 의왕시다. 의왕시는 지난 2019년 5,700여 가구로 입주물량이 최고점을 찍으며 집값이 잠시 조정 기간을 거쳤고, 이후 입주물량이 큰 폭으로 늘어나고 있지 않다. 2023년에는 1,800여 가구가 입주할 예정이지만, 2022년에 입주물량이 없었던 점을 고려하면 입주물량이 많다고 볼 수 없다.

게다가 GTX-C노선과 평촌 아파트 재정비, 그리고 강남과 분당

2010~2025년, 경기 의왕시 아파트 입주물량

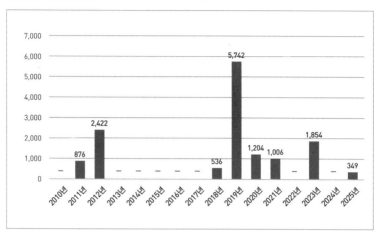

<자료_아실(데이터 집계 기준_2022년 9월 15일)>

접근성이 뛰어난 점을 고려하면 장기적으로 의왕시 아파트는 상승세를 보일 것으로 예상된다.

또한 강남과 분당으로 이동이 편리해 서울 거주자들이 의왕시로 접근하고 있는 분위기다. 실제로 2022년 상반기 서울 거주자의 의왕시 아파트 매입비중은 17.3%로 2006년 관련 통계 작성 이래 가장 높은 비중을 차지했다.

끝으로 남양주시 부동산시장도 주목할 필요가 있다. 남양주시의 아파트 입주물량은 2~3년에 한 차례씩 대규모로 공급되고 있는 분위기다. 다소 많은 입주물량이 이어졌지만 남양주시청 제2청사, 교육청 등 6개 행정기관이 들어서는 행정타운 조성, 법원과 검찰청이 들어서는 법조타운 등으로 신규 수요가 활발히 유입되며 물량 소화에

2010~2025년, 경기 남양주시 아파트 입주물량

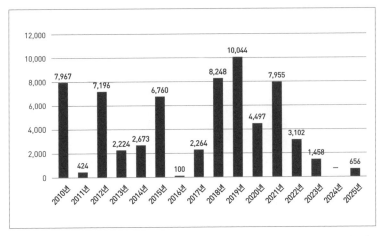

<자료_아실(데이터 집계 기준_2022년 9월 15일)>

큰 무리가 없었다.

　남양주시 아파트 입주물량은 2020년 이후부터는 상당한 감소세를 보이고 있다. 2022년에 지하철 4호선 진접역이 개통하며 집값 상승에 청신호가 켜졌고, 입주물량도 감소해 수요가 계속 늘어날 것으로 보인다. 인근 3기 신도시인 왕숙신도시 일부 단지가 입주를 시작할 전망이지만, 남양주 별내와 별가람보다 서울 접근성이 떨어져 3기 신도시 입주로 인한 리스크는 비교적 적을 것으로 보인다.

　이렇게 해당 지역의 아파트 입주예정물량을 살펴보면서 해당 지역에 얼마나 공급이 이루어지는지, 그리고 수요가 받쳐줄 수 있는지 파악하는 것이 좋다. 수요만 받쳐준다면 공급이 많더라도 가격 상승이 지속될 수 있지만, 수요보다 공급이 많으면 집주인들이 가격을 낮출 수밖에 없는 세입자 우위 시장으로 바뀔 수 있다.

물론 부동산 가격 상승은 입주물량만으로 모든 것을 설명할 수 없지만, 부동산을 분석하는 중요한 지표 중 하나임은 분명하다. 정책에 따라, 경제 상황에 따라 부동산시장이 크게 달라질 수 있지만 수요와 공급의 법칙을 절대 간과해선 안 된다. 입주물량이 집값의 향방을 예측하는 중요한 가늠자가 될 수 있는 만큼 투자 및 실거주 진입 시기를 고려중이라면 더욱 세밀히 살펴보길 권한다.

부동산 큰손으로 떠오른 2030세대, 수도권에 주목하다

> 2030세대의 부동산에 대한 관심이 늘어난 만큼, 부동산시장 재활성화는 과거보다 쉽게 이루어질 것이다. 이제 젊은 세대들도 부동산 생리에 대한 이해도가 높아졌고 시장에 진입하는 시간까지 빨라진 만큼 긍정적인 영향을 미칠 것이다.

수도권 아파트 매입의 35%는 2030세대, 부동산에 대한 관심이 커진 젊은 세대

2020년부터 시작된 서울 아파트 가격 상승으로 부동산시장에서 2030세대들의 영향력이 커지고 있다. 과거 4050세대가 부동산시장의 큰손이었다면, 이제는 2030세대가 부동산시장의 중심축으로 자리 잡아가고 있는 분위기다.

자고 일어나면 집값이 치솟는 2020년부터 2030세대들은 가만히 있으면 자산 격차를 따라잡을 수 없다는 생각을 가지게 되었고, 그래서 주식과 가상화폐 투자로 대거 몰렸다. 특히 2021년에는 역대 최저금리를 기록하며 2030세대는 영끌과 빚투를 마다하지 않고 투자해 투자 광풍이 이어지기도 했다.

이들이 자산을 빠르게 불리고자 하는 이유는 결국 부동산이다. 부동산 구매를 위해 디딤돌로 주식과 가상화폐로 자산을 늘리고자 했고, 또 다른 2030세대들은 부동산 투자에 바로 뛰어들었다.

실제로 2030세대들의 아파트 매입비중은 빠르게 늘어나고 있다. 한국부동산원의 연령별 아파트 매매거래량을 살펴보면, 2022년 상반기 수도권 아파트 거래량은 5만 3,408건인데 이 중에서 2030세대들이 매매한 거래량은 1만 8,746건으로 전체 매입비중의 35.1%에 달하는 것으로 조사되었다. 이는 관련 통계가 작성되기 시작한 2019년 상반기(28.2%)와 비교하면 무려 6.9%가 늘어난 것이다.

수도권 중 2030세대들의 아파트 매입비중이 가장 높은 곳은 서울이었다. 2022년 상반기 서울 아파트 매매거래 9,931건 중 2030세대가 사들인 아파트 매매거래량은 3,562건으로 2030세대들의 아파트 매입비중은 35.9%에 달하는 것으로 조사되었다.

서울 25개 자치구에서도 2030세대가 가장 많이 사들인 곳은 노원구였다. 서울 아파트 매매거래 3,562건 중 327건이 노원구 아파트 매매거래로 전체의 9.2%의 비중을 차지했다. 이어 강남구 283건(7.9%), 구로구 208건(5.8%), 서초구 206건(5.8%), 강서구 190건(5.3%), 마포구 172건(4.8%), 동대문구 159건(4.4%) 등으로 확인되었다.

경기도에서는 아파트 매매거래 3만 5,549건 중 2030세대 아파트 매매거래량은 1만 2,564건으로 35.3%에 달했다. 인천은 7,928건 중 2,620건을 2030세대가 사들이면서 33.0%의 비중을 보였다.

2022년 1~6월, 수도권 아파트 매입자(연령대별)

지역	매입자 연령대	2022년 1~6월
서울	합계	9,931
	20대 이하	538
	30대	3,024
	40대	2,351
	50대	1,469
	60대	882
	70대 이상	743
	기타	924
경기	합계	35,549
	20대 이하	2,635
	30대	9,929
	40대	8,380
	50대	6,548
	60대	4,262
	70대 이상	2,366
	기타	1,429
인천	합계	7,928
	20대 이하	683
	30대	1,937
	40대	1,700
	50대	1,550
	60대	1,095
	70대 이상	634
	기타	329

<자료_한국부동산원>

수도권 중 2022년 상반기에 2030세대들이 가장 많이 사들인 곳은 평택시로 조사되었다. 2030세대의 평택시 아파트 매입거래량은 총 1,260건으로, 수도권에서 가장 높은 것으로 확인되었다.

다음으로는 고양시로 2030세대가 1,190가구를 사들였다. 이어 수원시 1,116가구, 용인시 933가구, 화성시 891가구, 시흥시 701가구, 부천시 648가구, 성남시 580가구, 안산시 509가구, 안양시 494가구, 파주시 454가구, 남양주시 429가구, 김포시 396가구 등으로 조사되었다. 2030세대들이 아파트 매입을 많이 한 경기도 지역은 서울과 비교해 가격 메리트가 충분하고 미래가치가 높은 곳이 대부분이었다.

기준금리가 고점을 찍고 내려오는 순간
다시 부동산시장은 활성화될 전망

앞으로 2030세대들의 부동산에 대한 관심은 더 늘어날 전망이다. 2021년 말부터 시작된 한국은행의 기준금리 인상으로 대출 상환 부담이 커지고 있는 데다 아파트 가격도 조정되면서 신규 주택 수요가 감소하고 있지만, 금리가 고점을 찍고 내려오는 순간 더욱 적극적으로 내 집 마련에 나설 것으로 보이기 때문이다.

2022년 7월부터 생애 최초 주택구매자에 한해 주택 소재지나 가격, 소득에 관계없이 주택담보대출(LTV) 한도가 80%까지 높아졌고, DSR 산출 시 청년층 장래 소득 인정 비율까지 확대하는 등 대출 규제를 완화하면서 생애 첫 내 집 마련의 연령이 빨라질 수 있다는 분석도 나온다.

2030세대들의 부동산에 대한 관심이 늘어난 만큼, 부동산시장 재활성화는 과거보다 쉽게 이루어질 전망이다. 불과 2020년 이전만 하더라도 2030세대들은 부동산시장에 쉽게 뛰어들지 않았고 큰 관심을 보이지도 않았지만, 이제는 젊은 세대들도 부동산 생리에 대한 이해도가 높아졌고 시장에 진입하는 시간까지 빨라진 만큼 부동산시장에 단기간 내 긍정적인 영향을 미칠 것으로 전망된다.

부동산시장은 지역별로 큰 차이가 있다. 특히 지방 5대 광역시 (대전·대구·울산·부산·광주)에서는 지역별로 부동산 편차가 확고히 달라진다. 지역에 따라 입주물량과 일자리, 인구, 개발호재 가 각기 다르기 때문에 어느 지역은 가격이 오르기도 하고, 어느 지역은 가격이 내려가기도 한다.

실제로 한때 '분양 성지'로 불렸던 대구 부동산시장은 이제 입주 물량으로 몸살을 겪고 있는 상황이다. 각 광역시마다 부동산시 장이 다른 만큼, 각 지역마다 부동산시장을 보는 눈도 달라져야 할 것이다. 이에 각 광역시마다 대표하는 지역과 아파트는 어디 인지, 5대 광역시에 거주하지 않는 사람들이 어느 지역의 아파 트를 매입하는지 등을 5장에서 꼼꼼히 살펴보자.

5장

지역별 차별화에 주목하라 _
5대 광역시 부동산시장 전망

5대 광역시 부동산시장,
대장아파트는 굳건하다

대장아파트는 부동산시장이 호황일 때 지역 내 다른 아파트보다 더 빠르게 더 많이 오르고, 부동산시장이 불황기에 접어들어도 아파트 가격이 늦게 떨어지거나 하락폭이 낮게 형성된다.

지역 대표 랜드마크 아파트를
주목할 수밖에 없는 이유

주식시장에 각 업종을 대표하는 우량주인 블루칩 종목이 있는 것처럼 부동산시장에는 각 지역을 대표하는 대장아파트가 있다. 대장아파트는 주변 시세의 흐름을 대표하고, 외부 환경의 변화에 큰 영향을 받지 않으면서 내재가치만으로도 가격을 끌어올리는 핵심 아파트라고 부를 수 있다.

정확히 말해 대장아파트는 '지역의 이미지를 대표하는 고가 아파트'를 의미한다. '랜드마크'나 '블루칩'이라는 단어도 사용하지만 현장에서는 '대장'이라는 친근한 단어를 더 많이 사용한다. 대장아파트는 대단지·첨단·고가·최초 등의 이미지를 내포하기도 하며, 지역 내에서 입지적으로나 주거환경, 단지환경 등이 가장 좋은 아파트가 대장아파트가 되는 경우가 많다.

지역 내에 처음 들어서는 아파트도 대장아파트가 되어 시세를 이끌어가는 경우가 많다. 하지만 추후에 더 좋은 입지와 시설을 갖춘 신규 아파트가 들어서는 경우 대장아파트가 신규 아파트로 옮겨가기도 한다.

이러한 대장아파트는 부동산시장이 호황일 때 지역 내 다른 아파트들보다 더 빠르게 더 많이 오르고, 부동산시장이 불황기에 접어들어도 아파트 가격이 늦게 떨어지거나 하락폭이 낮게 형성된다. 최근에는 '타이밍보다는 상품'이라는 말까지 나올 정도로 대장아파트에 대한 기대와 가치가 크다.

대장아파트는 '그 지역에서 처음 분양한 아파트'가 해당되는 경우가 많다. 이전 1기 신도시의 경우 시범단지나 첫 마을 등으로 이름을 붙였었다. 한 예로 분당의 서현역 초역세권인 '삼성한신아파트'가 대표적이다. 또한 신길뉴타운의 경우에는 '래미안에스티움', 영등포뉴타운은 '아크로타워스퀘어' 등이 있다.

처음 분양하는 아파트는 주택 수요자들에게는 장점이 많다. '그 지역 개발 사업이 잘될지, 안될지를 처음 분양하는 아파트가 좌우한다'는 말이 있을 정도다. 이러한 아파트는 '초두효과(Primacy effect)'를 누릴 수 있다.

초두효과란 먼저 제시된 정보가 추후에 알게 된 정보보다 더 강력

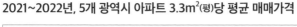
2021~2022년, 5개 광역시 아파트 3.3m²(평)당 평균 매매가격

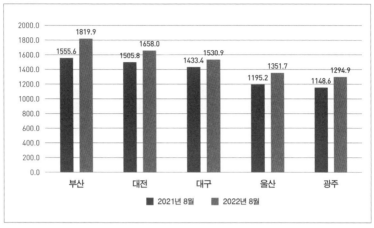

<자료_KB부동산 리브온>

한 영향을 미치는 현상을 말한다. 즉 신길뉴타운의 '래미안에스티움'의 경우 가장 좋은 위치에 가장 좋은 가격으로 공급되었다. 이후에 신길 아이파크, 보라매 SK뷰, 신길센트럴자이 등의 아파트들이 줄지어 분양을 이어나갔다. 당연히 분양가는 이후에 분양할수록 시간 간격을 두고 가격이 올랐다. 래미안에스티움 역시 처음 분양가보다 매우 빠른 속도로 가격이 상승했다.

이렇듯 지역의 부동산을 살펴볼 때 가장 먼저 대장아파트를 분석해보는 것이 좋다. 지역 대표 아파트를 주목하면 시세의 흐름이 보이는 것처럼, 5대광역시의 아파트를 알아보고 있다면 조금 무리를 하더라도 대장아파트로 가는 것이 좋다.

부산광역시 대장아파트 _
해운대구 우동 '삼호가든맨션'

부산광역시 해운대구는 우동, 좌동, 중동, 재송동, 반여동, 송정동 등이 위치한 부산 부동산의 핵심지역이다. 해운대구는 부산에서 인구가 가장 많은 곳이며 생활인프라, 교육환경, 교통환경 등이 우수해 부산에서 주거선호도가 높은 지역 중 하나다. 실제로 해운대구의 아파트 3.3m²당 평균 매매가격은 2021년 8월에 2,298만 원이었지만, 2022년 8월에는 2,435만 원으로 높은 가격 상승률을 기록했다.

이러한 부동산 가격을 견인한 해운대구의 대장아파트로는 우동에 위치한 '삼호가든맨션' 아파트를 꼽을 수 있다. 이 아파트는 1985년에 건축되어 2022년 기준 37년차 아파트로 재건축이 추진중이다.

최근 해당 아파트 인근에 신규 아파트들이 들어서며 대장아파트의 변화를 예고하고 있지만, 입지적으로나 미래가치적으로 '삼호가든맨션'이 이미 높은 평을 받고 있어 해운대구의 대표 아파트로 불러도 손색이 없다. 부산 지하철 2호선 벡스코역과 인접해 있고 주변에 풍부한 생활인프라를 갖춘 아파트이며, 2022년 5월 13일에 전용면적 84.99m²가 13억 5,000만 원(11층)으로 거래되었다.

울산광역시 대장아파트 _
남구 신정동 '문수로2차 아이파크 2단지'

울산광역시는 '부산과 인천에 이은 제3의 항구도시이자 해안도시'라고 불린다. 울산시의 면적은 지방 5대 광역시 중 가장 크며, 한반도 최대 공업도시이자 GRDP(지역 내 총생산) 전국 1위를 기록하는 도시로 인구수만 2022년 기준으로 112만 명에 달한다.

울산시도 대장아파트를 위주로 가격 상승세가 이루어지고 있다. 울산시에서 아파트 $3.3m^2$당 평균 매매가격이 가장 높은 곳은 남구다. 울산 남구의 아파트 $3.3m^2$당 평균 매매가격은 2021년 8월에 1,607만 원이었지만, 2022년 8월에는 1,646만 원으로 2.4% 상승했다.

남구는 '울산의 강남'이라 불리면서 대장 지역으로 자리매김하고 있다. 각종 백화점이 들어서 있는 대형 상권이 발달되어 있는 곳으로, 높은 학군수요를 자랑해 수요자들이 선택하는 1순위 지역이다.

울산에서는 동으로 분류하면 옥동과 신정동이 시세를 이끌어가고 있다. 대표적으로 신정동에서는 2013년 12월에 입주한 신정동 '문수로2차 아이파크 2단지'를 꼽을 수 있다. 이 단지는 총 1,085세대로 쾌적한 주거환경과 교통환경을 갖추고 편의시설 등도 모두 가까워 지역 중심에 위치한 아파트다. 이 아파트의 전용면적 $84.9424m^2$는 2022년 4월 22일에 10억 4,000만 원(20층)으로 실거래가 이루어졌다. 2020년 6월 2일에 8억 원(11층)으로 거래된 것과 비교하면 2년간 2억 4,000만 원이 올라서 30% 상승률을 기록한 것이다.

옥동에 위치한 '대공원 한신휴플러스' 전용면적 $84.92m^2$는 2020년 4월 25일에 7억 5,000만 원(10층)에 거래되었지만, 2022년 3월에는 10억 7,500만 원(4층)에 계약이 체결되어 2년간 3억 2,500만 원이 올라 43.3% 상승률을 기록하기도 했다. 이렇듯 울산에서는 남동구 옥동과 신정동 일대 아파트들이 대장 역할을 하고 있다.

대전광역시 대장아파트 _
유성구 도룡동 '도룡SK뷰'

'과학의 도시' 대전광역시는 충청도를 대표하는 도시로 오랫동안 중부 지역 부동산을 이끌어왔다. 대전은 2022년 기준으로 인구 144만 명에 달하며 세종특별시와 인접해 있어 부동산에 대한 관심이 뜨거운 지역 중 하나다.

대전시의 아파트 3.3m²당 평균 매매가격은 2021년 8월에 1,505만 원에서 2022년 8월에 1,658만 원으로 1년간 10.1% 상승한 것으로 나타났다. 대전에서도 유성구는 아파트 3.3m²당 평균 매매가격이 가장 높은 곳으로 2022년 8월 1,892만 원으로 집계되었다. 이어 서구 1,667만 원, 중구 1,389만 원, 대덕구 1,152만 원, 동구 1,149만 원 순이다.

대전에서는 대덕연구단지 및 KAIST, 대기업 연구기관 등이 집중된 유성구를 중심으로 고학력·고연봉 수요층이 몰리면서 부동산시장을 견고하게 상승시키고 있다. 특히 유성구 도룡동에 위치한 '도룡SK뷰'는 대덕연구단지와 스마트시티, 대전컨벤션센터가 자리한 대전의 중심지이자 과학의 중심지로서 유성구에서도 가장 부촌으로 꼽힌다. 여기에 대덕중과 대덕고 등의 대전 최고 학군이 위치한 것도 한몫했다.

'도룡SK뷰'는 2018년 8월에 입주를 시작한 아파트로, 총 383세대라 규모가 크진 않지만 다양한 연구기관이 가까워 연구원의 수요가 많은 상황이며, 대전에서는 전용면적 84m²가 최초 10억 원을 돌파한 단지이기도 하다. 해당 아파트는 2020년 2월 19일에 전용면적

84.9944m²가 10억 5,000만 원(8층)으로 거래되어 처음으로 10억 원을 돌파했다. 이후 2022년 2월 15일에는 11억 7,000만 원(8층)으로 계약이 이루어졌다. 이처럼 2년간 1억 2,000만 원이 올라 11.4% 상승률을 기록하면서 대전에서 대장아파트의 역할을 톡톡히 해내고 있다.

광주광역시 대장아파트 _
남구 봉선동 '봉선3차 한국아델리움'

인구 143만 명이 거주하고 있는 광주광역시는 자동차산업 발달이 많이 이루어진 지역으로, 재개발 사업이 활발하게 진행되면서 2020년에 서울과 경기도의 젊은 투자자들이 우르르 몰려와 2~3채씩 쇼핑하듯 집을 사가면서 화제가 되기도 했다. 광주시의 아파트 3.3m²당 평균 매매가격은 2021년 8월에 1,148만 원이었지만, 2022년 8월에는 1,294만 원으로 1년간 12.7% 상승률을 기록했다.

광주에서 아파트 3.3m²당 평균 매매가격이 가장 높은 곳은 광산구다. 2022년 8월에 광산구의 아파트 3.3m²당 평균 매매가격은 1,511만 원으로 형성되었다. 이어 남구가 1,447만 원으로 조사되었고, 서구는 1,337만 원, 북구는 1,066만 원, 동구는 858만 원으로 확인되었다.

광주에서는 남구 봉선동과 광산구 수완지구가 부촌으로 꼽힌다. '광주의 대치동'으로 불리는 광주 남구 봉선동에 위치한 '봉선3차 한국아델리움' 전용면적 84.9738m²는 2020년 6월 13일에 8억 500만 원(5층)으로 계약이 이루어졌지만, 2022년 4월 18일에는 11억 1,800만 원(12층)에 거래가 이루어지면서 3억 1,300만 원이 올라 38.9% 상승률을 기록했다.

광주 광산구 수완지구에 위치한 '광주수완 6차 대방노블랜드' 전용면적 84.8545m²는 2020년 5월 10일에 5억 6,500만 원(15층)으로 계약되었지만, 2022년 4월 25일에는 8억 6,000만 원(21층)에 계약되어 2억 9,500만 원 올라 52.2% 상승했다.

대구광역시 대장아파트 _
수성구 '힐스테이트 범어'

인구 236만 명에 달하는 대구광역시는 2019~2022년 사이에 아파트들이 대거 분양하면서 과잉 공급의 문제가 수면 위로 떠오르고 있다. 이에 2022년 7월에 정부는 대구 수성구를 투기과열지구에서 조정대상지역으로 규제 등급을 낮추고, 나머지 7개 지역에 대해선 조정대상지역을 전면 해제하기도 했다.

대구는 2010년부터 2015년까지 '미쳤다' 할 정도로 집값 상승폭이 큰 지역이었다. 대구의 집값은 끊임없이 상승했으며, 결국 2015년 기준으로 집값이 부산을 넘어섰고 당시 서울특별시와 경기도에 이어 전국 집값 3위를 기록하기도 했다.

이후 대구의 집값은 폭발적인 입주물량으로 상승세에서 조정기로 접어들었고, 2022년에 미분양이 쌓이면서 부동산 가격이 흔들리고 있다. 대구시의 아파트 3.3m²당 평균 매매가격은 2022년 8월에 1,530만 원으로 2021년 8월(1,433만 원) 대비 6.8% 상승했다.

대구에서 아파트 평균 매매가격이 가장 높은 곳은 단연 수성구다. 수성구의 아파트 3.3m²당 평균 매매가격은 2022년 8월에 2,091만 원으로 확인되었다. 이어 중구가 1,674만 원으로 뒤를 이었고, 달서구는 1,435만 원, 서구는 1,330만 원, 남구는 1,315만 원, 동구는 1,164만 원, 북구는 1,147만 원, 달성군 1,016만 원 순으로 조사되었다.

대구의 수성구는 서울 강남처럼 지역의 경제력과 생활인프라가 집중된 곳이다. 대구 지하철 2호선 범어역을 이용할 수 있고, 범어시민체육공원과 범어공원 등이 가까이 있어 쾌적한 주거환경을 이용할 수 있다. 무엇보다 자녀들의 교육환경이 가장 우수하며, 법원·검찰청 등 주요 관공서도 밀집해 있어 대구에서는 주거선호도가 가장 높은 곳이다.

대구 부동산이 어려운 상황 속에서도 수성구의 아파트 가격은 가장 안전할 것으로 보인다. 수성구 내 아파트 값을 이끌고 있는 대장 아파트는 '힐스테이트 범어'다. 이 아파트는 2호선 수성구청역과 인접해 있으며, 총 414세대로 2020년 12월에 준공을 마친 아파트로 대구 수성구의 집값 아이콘으로 볼 수 있으며 대구 집값을 이끄는 랜드마크이기도 하다.

입주물량 최대기록을 갱신할 대구, 집값이 불안하다

2023년에는 대구 아파트 입주물량이 대폭 증가할 것으로 예상된다. 2022년 아파트 입주물량도 제대로 소화하지 못하고 있는 상황에서 2023년에 입주물량이 폭발적으로 증가한다면 대구 부동산시장이 조정받을 가능성이 크다.

물량공세에 장사 없다,
커지는 대구 부동산시장 냉각 우려

한때 '분양 성지'로 불렸던 대구의 부동산시장이 최근 들어 심상치 않다. 말 그대로 폭탄 수준의 분양 물량이 쏟아지며 전국에서 가장 많은 미분양 수를 기록한 데 이어 '앞으로 몇 년간 대량의 입주물량까지 더해지면서 본격적인 하락세를 걷게 될 것'이란 전망이 팽배해지고 있다.

실제로 대구는 미분양 무덤에서 쉽게 벗어나지 못하고 있다. 국토교통부의 자료에 따르면 2022년 7월을 기준으로 대구시의 미분

2021~2022년 7월, 대구시 미분양 주택 현황

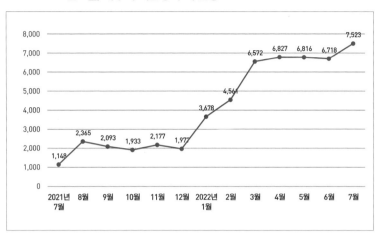

<자료_국토교통부 통계누리>

양 물량은 7,523가구 수준이다. 이는 전국 미분양 아파트 물량 3만 1,284가구의 24%에 달하는 비중이다.

대구의 아파트 청약경쟁률도 급락하고 있다. 한국부동산원의 아파트 청약경쟁률을 살펴본 결과, 2017년 대구의 아파트 1순위 청약경쟁률은 54.53대1로 높은 청약경쟁이 이루어졌다. 하지만 청약경쟁률이 2018년에 44.64대1로 줄어들더니, 2019년에 20.6대1, 2020년에 21.37대1로 하락하다가, 2021년에는 한 자리 수인 3.35대1을 기록한 것으로 조사되었다. 이어 2022년 9월 15일을 기준으로 2022년 대구의 평균 1순위 청약경쟁률은 0.3대1로 나타나 청약경쟁률이 1대1도 안 되는 지경에 이르렀다.

불과 2018년만 하더라도 지금과는 상황이 완전히 달랐다. 2018년

2017~2022년, 대구시 아파트 1순위 청약경쟁률

지역	2017년	2018년	2019년	2020년	2021년	2022년
대구	54.53	44.64	20.6	21.37	3.35	0.3
수성구	84	23.88	12.61	8.06	5.86	0.25
달서구	18.36	69.24	39.36	32.28	4.82	0.08
달성군	2.35	7.95	3.31	4.95	3.65	-
서구	0.45	-	9.13	14.82	3.84	0.08
북구	48.47	49.93	6.53	14.74	3.77	0.88
중구	-	305.92	51.17	35.95	1.08	0.06
남구	129.65	41.3	22.85	28.15	5.73	0.14
동구	42.59	23.64	20.53	20.86	1.09	-

<자료_한국부동산원(데이터 집계 기준_2022년 9월 15일)>

에 대구 중구 남산동에 분양한 '남산 e편한세상'의 경우 191가구 모집에 6만 6,184명이 청약통장을 던지며 무려 1순위 청약경쟁률이 346대1을 기록했고, 일부 타입에서는 669대1이라는 놀라운 청약경쟁률을 기록하기도 했었다.

하지만 물량공세에 장사 없는 법이다. 너무 많은 물량이 시중에 풀렸고, 분양가가 상승한 데다 부동산시장이 조정기로 접어들면서 대구는 건설사들도 분양하기 두려운 지역으로 자리 잡고 있는 분위기다.

대구 아파트의 입주물량은
앞으로도 더 늘어날 것이다

　문제는 대구의 아파트 입주물량이 더 늘어난다는 점이다. 2023년에는 대구 아파트 입주물량이 3만 4,419가구로 대폭 증가할 것으로 예상된다. 2022년의 아파트 분양시장도 제대로 소화하지 못하고 있는 상황에서 입주물량이 폭발적으로 증가하면 수급 불균형 현상으로 대구 부동산시장이 조정받을 가능성이 크다.

　결국 폭발적인 주택공급으로 주택가격이 무너지는 것을 알 수 있다. 대구의 경우 인구가 계속해서 줄어들고 있는 상황에서 수요보다 공급이 지속된다면 과거의 영광을 뒤로하고 속절없이 추락할 것으로 보인다. 한때 대구 수성구는 부산 해운대구의 3.3m²당 아파트 평균

2010~2025년, 대구시 아파트 입주물량

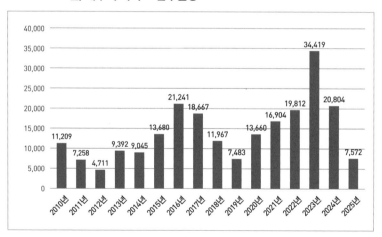

<자료_아실(데이터 집계 기준_2022년 9월 15일)>

매매가격과 경쟁하며 상승기류를 보였지만, 이제는 부산 해운대구가 압도적으로 높아졌고 가격 격차도 계속 벌려가고 있다.

결국 부동산시장은 수요와 공급대로 흘러가기 마련이다. 수요가 공급보다 많으면 청약경쟁이 심화하는 것은 물론 집값 상승으로까지 이어진다. 이와 반대로 공급이 수요보다 과도하게 많을 경우 미분양이 쌓이고 결국 집값이 하락할 수밖에 없다. 현재 대구의 상황처럼 말이다.

대구는 각종 부동산 규제를 해제하면서 가격 조정을 최소화하고 있는 움직임을 보이고 있다. 부동산 규제가 완화된다면 꽁꽁 얼어버린 시장을 딛고 다시 활기를 찾을 수 있을지 계속해서 주목할 필요가 있다.

지방에서 대형 아파트가 유난히 강한 이유

넓은 공간을 사용하려는 대형 아파트에 대한 수요는 계속해서 늘어날 수밖에 없다. 따라서 수도권을 제외한 지역에서는 대형 아파트가 앞으로도 계속 가격을 주도할 것이라고 예측해본다.

클수록 더 좋다,
5대 광역시에서는 대형 아파트가 인기

수도권은 1인 가구가 빠르게 늘어나면서 소형 아파트가 강세를 누리고 있지만, 5대 광역시(대전·대구·울산·부산·광주)의 경우 소형 아파트보다는 대형 아파트가 가격 상승을 주도하고 있어 지역별로 아파트 규모를 따져보는 것도 중요한 사항 중 하나다.

KB부동산 가격동향을 살펴보면, 2022년 6월에 수도권 소형 아파트 평균 매매가격이 5억 4,769만 원으로 확인되었다. 이는 2017년 6월에 2억 6,704만 원이었던 것과 비교하면 5년간 105.3% 상승한 것으로, 수도권에서 소형 아파트의 가격 상승률이 가장 높은 것으로 조사되었다. 같은 기간 수도권 중소형 아파트는 104.3% 상승률을 보였고, 중형은 97.4%, 중대형 97.3%, 대형 79.0%로 수도권의 경우 규모가 작은 아파트의 상승률이 더 높은 것으로 나타났다.

반면 5대 광역시의 경우 소형보다는 대형 아파트가 가격 상승률이 더 높은 것으로 확인되었다. 2022년 6월에 5대 광역시 대형 아파트 평균 매매가격은 9억 2,424만 원으로, 2017년 6월의 5억 2,236만 원과 비교하면 5년간 4억 188만 원 올라 77.0% 상승률을 보였다. 같은 기간 5대 광역시의 중대형 아파트는 65% 상승했고, 중형은 76%, 중소형은 62%, 소형은 38% 상승한 것으로 나타났다.

지역별로 나눠본다면 부산의 경우 대형 아파트 평균 매매가격이 2017년 6월에 5억 2,760만 원에서 2022년 6월에 9억 6,122만 원으로 5년간 82.2%나 상승한 것으로 조사되었고, 같은 기간 중대형은 66.3%, 중형은 71.5%, 중소형은 63.2%, 소형은 37.1% 상승했다.

대구의 경우 대형 아파트가 5년간 63.0% 상승률을 기록했고, 중대형 55.8%, 중형 29.3%, 중소형 52.3%, 소형 37.8% 올랐다. 이 외에도 울산의 경우 대형 74.2%, 중대형 40.3%, 중형 66.3%, 중소형 39.4%, 소형 3.1% 상승했다.

광주의 경우 대형 69.0%, 중대형 59.1%, 중형 71.4%, 중소형 62.0%, 소형 43.6% 상승했다. 대전의 경우 대형 109.6%, 중대형 114.4%, 중형 111.1%, 중소형 94.7%, 소형 69.7% 등으로 대형보다는 중형이 조금 더 상승했다.

2017~2022년, 규모별 아파트 평균 매매가격

지역	규모	2017년 6월	2022년 6월	상승률
부산	대형	52,760	96,122	82.2%
	중대형	43,739	72,726	66.3%
	중형	35,289	60,524	71.5%
	중소형	28,783	46,984	63.2%
	소형	18,695	25,628	37.1%
대구	대형	66,743	108,786	63.0%
	중대형	40,660	63,349	55.8%
	중형	43,801	56,646	29.3%
	중소형	26,519	40,399	52.3%
	소형	15,803	21,778	37.8%
광주	대형	43,239	73,087	69.0%
	중대형	34,437	54,799	59.1%
	중형	22,198	38,041	71.4%
	중소형	22,259	36,049	62.0%
	소형	11,473	16,476	43.6%
대전	대형	40,503	84,889	109.6%
	중대형	31,409	67,343	114.4%
	중형	30,598	64,597	111.1%
	중소형	22,060	42,959	94.7%
	소형	12,689	21,539	69.7%
울산	대형	40,954	71,336	74.2%
	중대형	40,994	57,503	40.3%
	중형	36,776	61,142	66.3%
	중소형	25,836	36,016	39.4%
	소형	16,878	17,408	3.1%

<자료_KB부동산 리브온>

쾌적한 삶과 양질의 주거환경에 대한 열망,
대형 아파트 인기는 계속 이어질 것

실제로 5대 광역시 대형 아파트들의 아파트 가격 상승세는 실거래가에서도 확인할 수 있다. 국토교통부의 실거래가 통계시스템을 살펴보면, 부산 해운대구 우동에 위치한 '현대 베네시티' 전용면적 169.1m²는 2017년 6월에 9억 4,000만 원(6층)으로 실거래가 이루어졌지만, 2022년 6월에는 18억 8,000만 원(18층)에 계약이 이루어져 5년간 9억 4,000만 원이나 치솟으며 정확하게 2배나 상승했다.

대구 수성구 두산동의 '수성SK리더스뷰' 전용면적 154.7m²는 2017년 6월 10억 4,000만 원(25층)에 계약되었지만, 2022년 6월에는 18억 5,000만 원(20층)에 손바뀜이 일어나 5년간 8억 1,000만 원이나 올라 77.9% 상승했다.

광주에서는 광산구 장덕동에 위치한 '성덕마을 대방노블랜드 3차'는 5년간 113.0% 상승률을 기록했다. 해당 아파트의 전용면적 156.5m²는 2017년 6월 5억 4,000만 원(7층)에 거래되었지만, 2022년 6월에는 11억 5,000만 원(7층)에 계약되어 6억 1,000만 원이나 올랐다.

대전에선 서구 둔산동 '가람' 전용면적 137.3m²가 2017년 6월 3억 2,850만 원(15층)에 계약되었지만, 2022년 6월에는 9억 5,000만 원(3층)에 계약되어 5년간 6억 2,150만 원이나 올라 무려 189.2%의 상승률을 보였다. 울산 중구 유곡동 '울산유곡 푸르지오' 전용면적 157.8m²는 2017년 6월에 6억 원(20층)에서 2022년 6월에 8억 9,000만 원(14층)으로 2억 9,000만 원 올라 48.3%의 상승률을 기록했다.

대형 아파트의 경우 단지 내에서도 가격이 가장 높고, 실수요자가 다른 규모에 비교해 상대적으로 적어 '환금성이 떨어진다'는 평가를 받고 있긴 하다. 그럼에도 넓은 공간을 사용하려는 수요는 계속해서 늘어날 수밖에 없어서 수도권을 제외한 지역에서는 대형 아파트가 앞으로도 계속 가격을 주도할 것으로 보인다.

또한 건설사들이 중소형 아파트 공급에 집중하다 보니 한 단지에 중대형 아파트 비율이 10%도 안 되는 곳도 많다. 심지어 펜트하우스나 테라스하우스 등 일부 특화 설계를 내세운 1~2가구만 중대형으로 뽑는 경우도 많다. 여기에 대형과 중형, 소형 등이 혼재된 경우 대형 아파트가 아무래도 조망과 교통 등이 탁월한 입지에 배치되다 보니 같은 입지에서도 우위를 확보해 대형 아파트 쏠림 현상이 나타나고 있는 것이다.

또한 대형 아파트는 희소가치가 있어 높은 프리미엄이 형성되어 있고, 부동산시장이 호황시기일 때에는 가격 상승이 가장 먼저 이루어지고, 불황기일 때는 가격 방어가 탄탄하고 하락폭도 가장 낮다. 그러니 대형 아파트를 선점하는 것이 중요하다.

게다가 과거와 비교해 가격 부담이 덜해졌고, 세대분리형 아파트나 부모 세대와 합가, 셰어하우스 등 활용 가치도 다양하게 생겨서 대형 아파트에 대한 인식이 달라지고 있다. 무엇보다 더 넓은 집에서 더 여유로운 생활을 즐길 수 있는데 그걸 마다할 이가 없기 때문에 시간이 흐를수록 대형 아파트의 인기는 더욱 커질 수밖에 없을 것으로 전망된다.

5채 중 한 채는 외지인이 샀다, 계속 증가하는 외지인 매입비중

> 외지인이 몰리는 지역은 개발호재가 풍부한 지역이거나 미래가치가 높은 곳이다. 따라서 어느 지역에 얼마나 외지인이 몰리는지 파악하는 것은 시장 분위기가 어떤지 파악할 수 있는 중요한 방법이다.

미래가치에 투자한다,
여전히 뜨거운 '원정 투자'

2022년에 들어서면서 전국 아파트는 물론 5대 광역시(대전·대구·울산·부산·광주)도 매매거래량이 대폭 줄어들고 있는 분위기다. 하지만 타 지역 거주자가 사들이는 외지인 아파트 매입비중은 가파르게 올라가고 있는 것으로 확인되었다. 그 이유가 뭘까?

일반적으로 외지인 아파트 매매거래는 실수요 목적보다는 임대수익 또는 시세차익 등을 위한 투자로 접근한 것으로 해석할 수 있다. 외지인이 몰리는 지역은 개발호재가 풍부한 지역이거나 미래가치가 높은 곳으로 평가되는 경우가 많기 때문에 어느 지역에 얼마나 외지인이 몰리는지 파악한다면 현재의 시장 분위기가 어떤지 파악할 수 있다.

2022년 상반기에 5대 광역시의 아파트 매매거래 5건 중 1건은 다른 지역의 거주자가 사들인 것으로 확인되었다. 한국부동산원의 거주지별 아파트 매매거래량을 살펴보면, 2022년 1~6월의 5대 광역시 아파트 매매거래량은 총 3만 7,114건으로 확인되었다. 이 중 타 지역 거주자가 매입한 아파트는 총 7,715건으로 20.8%가 외지인 아파트 매입비중인 것으로 확인되었다. 이렇게 외지인 아파트 매입비중이 20%를 넘어간 것은 한국부동산원이 관련 통계를 작성하기 시작한 2006년(상반기 기준) 이래 역대 가장 높은 비중이다.

2006~2022년 상반기, 5대 광역시의 외지인 아파트 매입비중

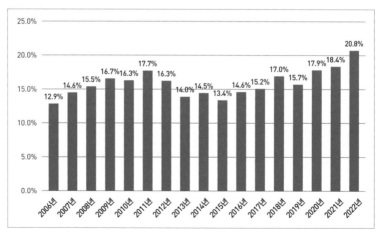

<자료_한국부동산원>

5대 광역시에서도 지역별로 나누어본다면 외지인 아파트 매입비중이 가장 높은 곳은 울산으로 확인되었다. 2022년 상반기에 울산의 아파트 매매거래량은 총 5,855건이었는데, 여기서 외지인 매입거래량은 1,484건으로 전체의 25.3%에 달한 것으로 확인되었다. 즉 울산 아파트 4건 중 1건은 타 지역 거주자가 사들인 것이다. 이 같은 울산 외지인 아파트 매입비중은 관련 통계가 작성되기 시작한 2006년 이래 가장 높은 것으로 조사되었다.

대전도 상황은 마찬가지다. 2022년 상반기에 외지인 아파트 매입비중이 22.7%에 달하는 것으로 조사되었다. 2022년 상반기에 대전의 아파트 매매거래량은 4,166건으로 확인되었으며, 이 중 외지인 아파트 매입 건수는 945건으로 확인되었다.

광주에서는 2022년 상반기에 9,849건의 아파트 매매거래가 이루어졌고, 이 중 외지인 아파트 거래량은 2,102건으로 21.3%가 외지인 매입이다. 부산에서는 1만 1,501건의 아파트 매매거래가 이루어졌고, 이 중 외지인 매입거래는 2,144건으로 18.6%의 비중을 보였다. 대구에서는 5,743건 중 1,040건이 외지인 매입으로 전체의 18.1%에 달하는 것으로 집계되었다.

물론 외지인 아파트 매입비중을 투자 결정의 절대적인 기준으로 보면 안 된다. 하지만 다른 부동산 투자자들이 어떤 입장을 취하고 있고 어떤 움직임을 보고 있는지를 '외지인 매입비중'이라는 통계를 통해 확인하면 보다 더 안정적으로 부동산 매입을 하는 데 큰 도움이 될 것이다.

1억 이하 저가 아파트 매입 시,
세금 관계부터 미리 확인해야 한다

거주하지 않는 지역의 아파트를 매입하는 외지인들의 경우 저가 아파트 매입도 큰 인기다. 특히 공시지가 1억 원 이하인 아파트의 가장 큰 장점은 취득세 중과를 피하는 등 세제 혜택과 시세차익을 기대할 수 있기 때문에 큰 관심을 받고 있다. 공시지가 1억 원 이하의 경우 농어촌특별세와 지방교육세를 포함해 1.1%만 내면 되고, 여러 채를 보유하더라도 중과 대상이 아니다.

실제로 대구 달성군 '현풍학산' 전용면적 39m²는 2021년 6월 5,700만 원(3층)에 거래되었지만, 2022년 6월에는 7,800만 원(3층)에 거래되어 1년간 37% 상승률을 보였다. 울산 울주군 '덕신동백' 전용면적 49m²는 2021년 6월에 6,800만 원(11층)에서 2022년 6월 9,000만 원(9층)에 거래되어 1년간 32% 올랐고, 대전 동구 '용운주공2단지' 전용면적 32m²도 같은 기간에 6,500만 원(7층)에서 8,350만 원(6층)으로 28% 올랐다. 부산 북구 '금곡3단지 주공' 전용면적 41m²도 2021년 6월에 7,500만 원(7층)에서 9,000만 원(6층)으로 20% 올랐고, 광주 북구 '오치주공' 전용면적 45m²도 7,500만 원(11층)에서 9,000만 원(14층)으로 20% 올랐다.

단, 공시지가 1억 원 이하라고 하더라도 정비구역이나 소규모 주택정비사업 구역에 지정된다면 주택 수에 포함된다는 점을 명심하자. 종합부동산세에서는 공시가격 1억 원 이하 주택도 주택 수에 포함하므로 매입 전에 세금 관계를 잘 살펴봐야 할 것이다.

부동산시장을 파악하려면 정치부터 알아야 한다. 부동산시장에는 다양한 변수들이 있지만 기본적으로 우리나라 부동산은 정치와 분리할 수 없다. 대통령과 여야구도에 따라 부동산 정책이 나오고, 그에 따라 시장 분위기가 달라지기 때문이다. 부동산시장을 안정적으로 만들어 국민들에게 주거 불안감을 주지 않도록 한다는 목표는 모든 정부가 동일하다. 하지만 어떻게 부동산시장을 안정적으로 이루어낼 것인지에 대한 해석은 들어선 정부마다 각각 다르다. 정부가 부동산시장에 개입해 안정화를 만들어낼 것인지, 아니면 개입하지 않고 자유롭게 풀어놓을 것인지 정부의 판단에 따라 정책이 나온다.

정부 정책만으로 부동산시장을 파악할 순 없지만, 객관적인 데이터를 통해 역대 정부가 어떤 정책을 내놓았고, 어떤 공통점이 있었으며, 구체적으로 부동산시장이 어떻게 흘러갔는지 파악한다면 향후 부동산시장을 전망하는 데 큰 도움이 될 것이다.

6장

정부 정책에 대한 정확한 이해 _
부동산 투자의 첫걸음이다

정부는 집값 하락을 원하지 않는다 _
역대 정권의 부동산 변천사

"모두가 잘살 수 있도록 더 후한 정책이 나와야 한다"고 외치지만, 정부는 누군가의 희생 없이 돈을 지출할 수 없다. 개인이 잘살고 국가가 발전하기 위해서는 자유시장경제와 '작은 정부'가 필수적이다.

완만한 부동산 가격 상승으로
민심을 잃지 않는 게 정부의 목표

"그렇게 해도 (집값은) 안 떨어져요."

2020년 7월 17일 더불어민주당 전략기획위원장이자 국토위원회 소속인 진성준 의원이 TV토론을 하던 중에 했던 발언이다. 당시 정권인 문재인 정부는 폭등하는 부동산 가격을 잡기 위해 한 달에 한 번 꼴로 고강도의 부동산 대책을 쏟아내고 있는 상황이었는데, 문재인 대통령 정무비서관을 지낸 집권여당 의원이 부동산 대책으로도 집값이 안 잡힌다고 깜짝발언을 한 것이다. 진 의원이 당시 부동산 정책을 주제로 한 TV토론을 마친 뒤에 마이크가 켜진 줄 모른 채 내뱉은 말이다.

당시 미래통합당 김현아 비상대책위원이 "(집값이) 떨어지는 것은 국가 경제에 너무 부담되기 때문에 그렇게 막 떨어뜨릴 수 없다"고 하자 진 의원이 "그렇게 해도 안 떨어질 것입니다. 부동산이 뭐 어제 오늘입니까"라고 말한 것이다. 그러자 김 비대위원은 "여당 국토위 위원이 그렇게 이야기하면 국민이 어떻게 하나"라고 말했고, 진 의원은 더 이상 답하지 않았다.

해당 대화는 유튜브 라이브로 생방송 중계되었다. 생방송으로 진행된 부동산 대책 토론에서는 진 의원이 "(문재인 정부가) 근본적인 정책을 꺼내 든 만큼, 이제부터는 집값을 잡아갈 수 있는 기본 틀을 마련했다"고 발언했었지만, 방송이 끝나고 마이크가 켜진 줄 모를 때에는 정책의 효과가 없을 것이라는 속내를 이야기했던 것이다.

해당 사실이 퍼지자 진 의원은 즉시 보도자료를 내 "정부의 대책이 소용없다는 취지가 아니라 정부의 강력한 부동산 대책의 발목을 잡으려는 집값 하락론자들의 인식과 주장에 대한 반박"이라고 해명했고, 민주당은 "진 의원 개인 의견"이라며 선을 그었다. 하지만 문재인 청와대에서 정무기획비서관과 박원순 서울시장에서 정무부시장을 지낸 그가 한 말이 단순한 말실수였다고 보기는 어렵다.

사실 집값 하락은 문재인 정부뿐만 아니라 어느 정부도 원하지 않았을 것이다. 그도 그럴 것이 국가 예산을 만드는 세금을 줄이고 싶어하는 정부는 없기 때문이다. 그럼에도 대통령 선거 때나 새 정부가 들어서면 "부동산 가격을 잡고, 서민들이 내 집 마련을 할 수 있도록

하겠다"고 외친다. 하지만 정부가 원하는 것은 '원만한 부동산 가격 상승 속에 세금을 높이면서 민심을 잃지 않는 것'일 것이다.

과거 정부들은 안정적인 집값 상승을 위해 또는 과도하게 부풀려진 집값 버블을 잡기 위해 정책들을 내놓았다. 하지만 정부가 안정적인 집값을 위해 부동산시장에 개입하면 할수록 집값은 치솟아 올랐다. 2000년대 들어 집권한 4대 정부의 정책과 집값 변동률을 살펴보면 이를 여실히 알 수 있다.

외환위기로 경기 부양에 급급했던 김대중 정부와 달리 노무현 정부는 부동산시장의 안정화를 위해 투기요소를 억제하는 정책을 쏟아냈다. 참여정부 시절 나온 대책들의 대부분은 재건축 규제와 양도세 중과, 비과세 요건 강화, 종합부동산세, 수도권 투기과열지구 지정, 분양가상한제 등 부동산 투기 억제 정책이었다.

하지만 노무현 정부의 강력한 부동산 정책에도 불구하고 부동산에 몰리는 돈을 막을 수 없었다. 당시 전국 아파트의 매매가격 변동률은 33.8%에 달했고, 서울의 경우 56.7%를 기록했다. 결국에는 부동산 규제만으로 자본주의의 자금 흐름을 막을 수 없었고, 전국 아파트 가격이 급등하게 되었다.

다음으로 들어선 이명박 정부는 집권 후 불과 1년도 채 되지 않아 미국발 금융위기에 직면했다. 그해 9월에는 리먼 브라더스가 파산하며 세계적으로 경기가 위축하는 상황이 발생하면서 부동산시장에 불황기가 왔다.

이에 이명박 정부는 시장 활성화를 위해 종합부동산세를 완화(기존 6억 원에서 9억 원으로 완화)했으며, 투기과열지구 및 투기지역 해제 등 참여정부 시절 시행된 규제들을 풀었고, 부동산시장의 정부 개입을 최소화했다. 이에 전국 아파트 매매가격 변동률은 15.9%를 기록했고, 서울의 경우 -3.16%로 집계되었다.

이명박 정부 때부터 이어진 경기 불안에 박근혜 정부도 부동산 규제 완화를 통해 경기회복을 꾀하고자 했다. 대표적으로 부동산3법(분양가상한제, 재건축 초과이익환수 유예, 재건축 조합원 주택분양 완화)을 통과시켰고, DTI와 LTV 등도 완화했다.

당시 박근혜 정부의 부동산 규제 완화에 건설사들은 분양 호황을 누렸고, 2015년에는 2000년대 들어 분양 가구로는 최대치인 39만여 가구가 분양되었다. 당시 박근혜 정부는 "빚을 내서 집을 사라"고 하기도 했다. 결국 박근혜 정부 당시 전국 아파트 매매가격 변동률은 9.82%에 달했고, 서울은 10.1%을 기록했다.

이후 들어선 문재인 정부는 서민들의 내 집 마련을 위해 부동산 규제 카드를 꺼내 들었다. 노무현 정부에서 꺼내 든 투기과열지구와 투기지역 신규지정, 분양가상한제, LTV와 DTI 규제, 재건축 초과이익환수제 부활, 임대차 3법 등의 굵직한 부동산 규제 카드를 다시 부활시켰다. 즉 다주택자에 대한 세금을 강화해 주택을 처분하도록 유도하고 집값을 안정화하겠다는 것이다. 여러모로 노무현 정권 당시의 부동산 정책과 비슷한 면이 있다.

이런 가운데 코로나19로 유례없는 초저금리 기조와 풍부해진 유동성으로 문재인 정부의 강력한 규제책에도 불구하고 집값이 크게 치솟았다. 문재인 정부 때 전국 아파트 매매가격 변동률은 38.4%였고, 서울의 경우 62.2%에 달하는 것으로 조사되었다.

"사는 집 아니면 파시라"는 문재인 정부의 직접적인 경고에도 불구하고 다주택자들의 주택 투기가 근절되지 않았던 근본적인 이유는 '안 팔고 버티면 그만'이라는 심리가 작용한 것으로 보인다. 다주택자 양도세 중과가 시행되더라도 집을 팔지 않으면 손해 볼 일이 없다는 논리다. 즉 문재인 정부의 생각과 달리 다주택자들은 집을 내놓지 않고 증여를 택한 것이다. 이에 문재인 정부가 '보유세 인상' 카드를 꺼내 들면서 다주택자들은 비교적 가치가 떨어지는 주택부터 처분하고 서울의 안정적인 집을 한 채 소유하는 '똑똑한 한 채' 전략을 구사했고, 이에 서울 집값은 고공 행진하게 되었다.

정부의 과도한 가격 정책 개입은
시장에 왜곡을 초래할 수 있다

이처럼 정부의 과도한 시장 개입은 오히려 부작용을 낳을 수 있다. 부동산시장은 자유시장경제에 맡기고 내버려둬야 한다는 것이다. 물가는 매년 상승하고 임금도 오르는데 규제만으로 집값이 내려앉긴 쉽지 않다. 분명 단기적으로 집값이 하락하더라도 장기적으로 봤을 때엔 집값은 올라갈 수밖에 없고, 정부도 집값 하락을 원하지 않을 것이다.

1976년 노벨경제학상을 받은 밀턴 프리드먼(Milton Friedman)은 시장경제에 대한 정부의 개입을 연구한 경제학자다. 그는 "정부의 과도한 시장 개입은 미친 짓이다"라고 말하면서 정부가 시장을 원하는 대로 움직여서는 안 된다고 주장했다. 그는 "정부의 역할은 자유시장경제를 유지하는 최소한의 틀만 제공하면 되고, 정부의 역할과 지출을 줄이는 것이야말로 최상의 경제정책"이라고 말했다.

"모두가 잘살 수 있도록 더 후한 정책이 나와야 한다"고 외치지만, 정부는 누군가의 희생 없이 돈을 지출할 수 없다. 개인이 잘살고 국가가 발전하기 위해서는 자유시장경제와 '작은 정부'가 필수적이다.

정부의 기능은 법과 질서를 유지하고, 민간의 계약을 이행시키고, 시장경쟁을 촉진하는 데 중점을 두어야 한다. 정부는 약자들을 보호하는 역할을 해야 하지만, 이것도 자선기관이 주도하도록 하는 것이 좋다.

또한 정부 권력은 분산되어야 한다. 중앙집권이 되면 정책 집행은 효과적일 수 있지만 권력을 남용할 수 있고, 지방분권이 되어야 더 나은 통치가 이루어질 수 있기 때문이다.

문재인 정부가
부동산시장에 남기고 간 것들

> 결국 20대 대통령 선거에서도 국민들의 최종 선택에 가장 큰 영향을 미친 요소
> 는 '문재인 정부의 부동산 정책 실패'다. 부동산 정책 실패에서 비롯된 정권 심판
> 론이 높았기 때문에 정권 교체가 일어난 것으로 볼 수 있다.

문재인 정부의
부동산 정책을 다시 살펴보자

"부동산 문제는 우리 정부에서는 자신 있다고 장담하고 싶습니다."
2019년 11월 19일 '국민과의 대화'에서 문재인 대통령이 한 말이다.

하지만 문재인 정부가 임기 내 가장 잘못한 일을 꼽으라고 하면
'부동산'이라는 데 많은 사람들이 동의할 것이다. 문재인 정부가 부
동산 정책에 실패했다고 평가를 내릴 때의 대표적인 근거는 서울과
수도권 기준으로 정부 취임 초와 비교해 아파트 가격이 2배 이상 올
라 서민들의 주거 불안감을 높였다는 것이다.

그렇다면 문재인 정부의 부동산 정책 기조가 무엇이었길래 부동산 가격 폭등을 막지 못했던 것일까? 지난 문재인 정부의 부동산 정책 핵심기조는 '주택 공공성 강화'였다. 투기수요를 근절하고 실수요자를 보호하고자 했고, 생애주기별·소득수준별 맞춤형 대책을 내놓으며 실수요자 중심의 공급책을 추진했다.

이러한 부동산 정책 기조는 어쩌면 바람직하고 당연한 정책이라고 분석할 수 있다. 집값 안정화로 서민들의 주거 불안감을 달래줄 것으로 보이기 때문이다.

하지만 우리나라의 부동산은 조금 더 특별했다. 부동산은 우리나라 가계 자산의 8할에 이를 정도로 가계 자산에서 절대적인 비중을 갖는다. 아파트 가격이 올라가고 떨어지는 데 따라 신분이 바뀔 수 있는 만큼 집값 향방은 우리나라에서 매우 중요하다. 하지만 문재인 정부가 '부동산 가격 급등 통제를 했다'는 점이 부동산 정책을 실패하게 만든 주된 원인으로 꼽는다.

특히 문재인 정부는 다주택자를 투기 세력으로 규정하고 징벌적 과세를 물리며 시장을 억제했다. '억제책만이 부동산을 통제할 수 있다'는 문재인 정부의 안일한 시각은 부동산시장을 더욱 혼란스럽게 만들었다. 뒤늦게 부동산 주택공급을 강화하는 정책 기조로 수정했지만, 이미 집값과 전셋값이 폭등한 뒤였다. 이어서 문재인 정부의 부동산 정책을 자세히 짚어보며 분석해보고자 한다.

2017년에 발표된
문재인 정부의 부동산 정책들

6·19 대책

문재인 정부 출범 이후 최초의 부동산 대책은 '선별적 맞춤형 대응'이었다. 당시 문재인 정부는 집값 급등의 원인을 공급 부족이 아닌 투기 세력으로 규정했다. 이에 조정대상지역에 경기 광명시, 부산 기장군, 부산 진구를 추가 지정했고, 민간택지 전매제한 기간을 기존 1년 6개월에서 소유권 등기 이전일까지로 강화했다.

당시 서울 전역에서 분양권 전매가 금지되자 규제 시행 전에 분양한 단지들의 몸값이 치솟는 풍선효과가 발생했다. 즉 6·19 대책은 부동산 과열을 막고자 발표한 대책이었지만 오히려 집값 상승을 부추긴 꼴이 된 것이다.

또한 조정대상지역 LTV를 60%, DTI를 50%로 하향 조정했고, 규제지역 내 최대 3주택까지 받을 수 있었던 재건축 주택공급은 1주택(최대 2주택)으로 줄였다. 이렇게 대출마저 옥죄면서 이미 높은 수준에 달해 있던 서울의 비싼 주택가격과 전세가격을 이기지 못하고 사람들은 서울을 떠났다. 이른바 '전세 난민'이 생겨났다.

이때 '갭투자' '무피투자' 등 틈새 투자방식도 성행하기 시작했다. 시장을 옥죄는 일부 규제만으로 집값을 잡을 수 있다는 정부의 오판으로 본격적인 부동산 폭등이 시작되고 만 것이다.

8·2 대책

문재인 정부는 6·19 대책에도 불구하고 부동산 광풍이 불며 불붙은 집값이 좀처럼 잡히지 않자 서울 25개구와 과천시, 세종시를 투기과열지구·투기지역 등의 규제지역으로 지정해 규제를 확대시켰다. 부동산 과열 정도가 지역마다 다른 것을 반영해 일부 지역을 조정지역으로 묶은 것이었지만, 되려 투기과열지구·투기지역이 '투자가 유망한 곳'으로 통하게 되며 또 다른 풍선효과를 낳고 말았다.

이어 투기과열지구의 LTV, DTI를 40%로 하향 조정했다. 다주택자, 무주택자 상관없이 대출 규제를 강화해 목돈이 없는 무주택자의 내 집 마련은 더욱 멀어졌고, 현금 부자만이 어려움 없이 매수할 수 있는 시장 구조를 만들었다. 주택담보대출 대비 문턱이 낮은 전세자금대출이 주목받으면서 전세시장이 불안정해지기 시작했고, 주택구입 목적의 신용 대출이 급증하며 가계부채에 대한 위험성도 커졌다.

청약의 경우 청약조정대상지역과 투기과열지구 내에서는 청약통장을 만든 지 2년이 경과해야 1순위 자격이 부여되도록 했고, 가점제로 신축 주택에 당첨되면 2년간 다시 청약으로 아파트에 당첨될 수 없게 하는 등 다주택자 증가를 원천적으로 차단하고자 했다. 또한 가점제 비중을 확대해 투기과열지구에서 전용면적 85m² 이하 주택의 가점제 비율을 100%로 높였다.

하지만 문재인 정부의 이런 대책은 또 다른 문제점을 낳았는데 무주택 기간, 청약통장 가입 기간, 부양가족 수를 기준으로 하는 가점제 비중이 높아지면서 신혼부부 특공을 제외하고는 청년층이 당첨될 가능성이 거의 제로(Zero)에 수렴하게 된 것이다. 이처럼 청약 당첨이 하늘의 별 따기 수준으로 어려워지면서 청약 포기족(族), 이른바 '청포족'이 청년 다수를 이루기도 했다.

이 외에도 양도소득세 강화, 다주택자 금융규제 강화, 민간택지 분양가상한제 재시행 등 전 분야를 아우르는 본격적인 억제책이 시작되었다. 분양가를 억제하다 보니 주변 단지보다 파격적으로 낮은 가격에 선보이는 이른바 '로또 아파트'가 나타났다. 이에 청약시장이 과열되는 등의 부작용이 발생했다.

'공급 확대'가 기조였던 이전 정부들의 부동산 안정책과는 완전히 정반대되는 행보였다. 수도권 지역의 주택보급률이 96%에 달했기 때문에 문재인 정부는 '주택의 공급 자체가 충분하다'고 본 것이다. 그러나 수도권 인구가 꾸준하게 증가하고 있는 점, 공급 계획이 공공임대주택과 신혼부부 희망타운 등 일부 수요에만 맞춰져 있었다는 점을 문재인 정부는 간과했다. 따라서 턱없이 부족한 공급 계획과 수요 옥죄기 대책으로 또 한 번 집값 폭등이 이어지고 말았다.

9·5 대책

강력한 규제로 잠시 숨 고르기에 들어갔던 부동산시장이 다시금 상승세를 타기 시작하자 정부는 한 달 만에 8·2 대책의 후속조치에 들어갔다. 9·5 대책을 발표하며 성남시 분당구, 대구 수성구를 투기과열지구로 추가 지정했고, 고분양가가 우려되는 지역을 필요 시 분양가상한제 적용지역으로 선정할 수 있도록 적용요건을 주택가격·주택분양가격·청약경쟁률·주택거래량으로 개선했다.

10·24 대책

8·2 대책과 8·2 대책 후속조치인 9·5 대책에 이어 한 달 후 가계부채 종합대책을 발표하는 데 이르렀다. 투자목적의 매매를 막기 위해 주택담보대출을 더 옥죄고, 채무상환이 어려운 저소득층과 자영업자들을 지원하는 것이 10·24 대책의 핵심이었다. 신(新) DTI 등장으로 다주택자 대출은 더욱 까다로워졌고, DSR을 도입해 대출상환능력 검증을 강화했다. 또한 소득산정기간 확대와 산정방식 변경 등으로 주택대출의 활로를 축소시켰다.

11·29 대책

문재인 정부의 첫 번째 공급 확대 정책이 바로 11·29대책이다. 청년·신혼부부·고령자·저소득층을 위해 2023년까지 5년간 연평균 20만 호씩 공적 지원 주택 100만 호를 공급할 계획을 밝히며 공급을 늘려나가겠다고 밝혔다.

12·13 대책

다주택자의 임대주택등록 활성화 방안이 12월 13일에 나오면서 문재인 정부의 첫해(2017년) 부동산 대책도 마침표를 찍었다. 문재인 정부는 7개월 동안 무려 6번이나 대책을 쏟아냈다. 12·13 부동산 대책은 임대차시장 안정화를 위해 지방세·양도소득세·종합부동산세 등의 세제감면 혜택을 제공하는 임대주택등록을 활성화했다.

하지만 이 대책은 대한민국을 '임대사업자의 천국'으로 만들었다는 부정적 분석이 나왔다. 임대주택으로 등록만 하면 재산세를 전액 면제하거나 대폭 감면해주고, 종부세도 1원도 안 내게 해줬다. 여기에 임대소득세를 대폭 감면해주고, 양도소득세도 100% 감면해주겠다고 약속했다. 여기에 한술 더 떠서 주택구입자금 80%까지 대출을 지원해 집값 폭등을 견인했다.

해당 안은 2018년 발표된 9·13 대책에 의해 약 2년 9개월 만에 전격적으로 폐지수순을 밟으며, 결국 문재인 정부 최악의 부동산 대책으로 평가받고 말았다.

2018년에 발표된
문재인 정부의 부동산 정책들

2·20 대책

문재인 정부의 2018년 첫 부동산 대책은 '재건축 안전진단 기준 정상화' 내용을 담은 2·20 대책이다. 안전진단 기준 항목 가운데 구조안정성 점수는 2006년에는 50점이었는데 2009년에 40점으로, 2014년에 20점으로 내려갔다가 2·20 대책에서 50점으로 상향 조정했다. 주거환경은 기존 40%에서 15%로 하향 조정해 재건축 안전진단 기준을 강화했다.

이 대책이 나온 결과, 아파트 노후화는 심해지고 주민들의 생활의 질이 떨어지더라도 구조적인 문제가 없으면 재건축이 어렵게 되었다. 집들은 계속 늙어가고 있는데 정책은 시대를 거스르고 있다는 부정적인 분석이 나왔다.

7·6 대책

정부가 고가 주택 보유자와 다주택자에 대한 종합부동산세(종부세) 부담을 늘리기로 한 '종합부동산세 개편 방안'이 바로 7·6 대책이다. 이 부동산 대책은 6억~12억 구간의 누진세율을 강화했다. 6억원 초과 주택 보유자에게 부과되는 종부세율은 0.1~0.5%포인트 올라 0.5~2.5% 세율이 적용되었다. 과표 6억~12억 원 구간의 세율 인상폭은 0.75%에서 0.85%로 올랐다.

특히 다주택자일수록 세금을 더 내도록 했다. 과표 6억 원을 초과하는 3주택 이상 보유자에 대해서는 0.3%포인트가 더 붙은 1.15~2.8% 세율을 적용시켰다. 다주택자를 겨냥한 종부세 개편안이 나오면서, 이에 세 부담을 낮추기 위해 자녀에게 증여하거나 임대사업자로 등록하는 수요가 늘어났다.

8·2 대책

8·2 대책에서 안정적인 주택 수급을 위해 교통이 편리한 수도권 지역에 양질의 저렴한 주택공급 확대를 위해 30만 호 이상의 주택공급이 가능하도록 30여 개 공공택지를 추가로 개발한다고 밝혔다. 또한 서울 종로구와 중구, 동대문구, 동작구를 투기지역으로 지정했다. 기존 조정대상지역으로 지정된 지역 중 경기 광명시와 하남시는 투기과열지구로 지정했고, 경기 구리시와 안양시 동안구, 광교택지개발지구는 조정대상지역으로 지정했다. 주택가격이 안정세로 전환된 부산 기장군의 경우 조정대상지역에서 해제했다.

이 같은 정부의 8·2 부동산 대책에도 당장 집값을 끌어내리지 못했고, 일각에서는 정부가 공식적으로 집을 사야 할 곳이라고 찍어줬다는 말도 나왔다. 8·2 부동산 대책의 학습효과가 있어 규제지역 지정이 악재로 작용되지 않았던 것이다.

9·13 대책

2017년에 8·2 부동산 대책을 발표한 뒤 서울 집값이 다시 꿈틀대자 1년 만에 새로운 고강도 부동산 정책을 내놓았다. 8·2 부동산 대책에도 집값이 잡히지 않는 데다 수도권과 비수도권의 양극화가 심각해졌고, 정부의 지지율까지 하락하자 새로운 규제를 꺼내든 것이다. 9·13 부동산 대책은 종합부동산세를 참여정부 시절 이상으로 강화하고, 1주택자도 주택담보대출을 막는 등 투기 억제에 초점을 맞췄다.

기존에 없던 종합부동산세 과표 3억~6억 원 구간을 신설해 세율을 0.7%로 부과했고, 3주택 이상이나 조정대상지역 2주택 이상 보유자 최고 세율을 3.2%까지 끌어올렸다. 세 부담 상한도 3주택 이상자와 조정대상지역 2주택 이상에 대해 150%에서 300%로 상향 조정했다.

다주택자가 규제지역에서 주택을 새로 구입할 때 주택담보대출을 전면 금지했고, 1주택자 경우에도 규제지역 내 신규 주택을 구입하기 위한 주택담보대출을 원칙적으로 금지했다. 또한 전세자금보증 또한 주택보유자는 공급을 제한하기로 했다. 1주택자는 부부 합산소득 1억 원 이하까지만 공적 보증을 제공하기로 했다. 2주택 이상자는 전세자금 대출에 대한 보증을 원천 금지했다.

또한 지난 2017년의 12·13 대책을 통해 장려했던 임대주택등록에 대한 양도세·종합부동산세 혜택을 대폭 축소했다. 집값 상승 배경에 '다주택자 투기'가 있으며 '임대주택등록이 투기수요의 합법적인 피난처'라는 지적이 나오면서 정책 방향을 규제로 180도 바꾼 것이다. 이처럼 시장 상황을 봐가며 손보는 땜질식 정책에 국민들의 신뢰를 잃었고, 이는 곧 정부 불신으로 이어지는 계기가 되었다.

9·21 대책

규제 일변도의 부동산 대책이 효과가 없자 9·21 대책에서 향후 5년간 수도권 지역에 주택 30만 호를 공급하겠다고 밝혔다. 1차 공급은 3.5만 호 규모이며, 차후 26.5만 호를 서울과 1기 신도시 사이에 위치한 대규모 택지개발을 통해 공급하는 계획이었다. 주택공급을 늘려 서울과 그 인접 지역 집값을 억제하겠다는 의도다.

그러나 기존 신규택지 공급 계획에서 크게 벗어나지 않는 데다 집값 상승을 주도하는 서울 강남 등지 공급에 대한 사안이 전무해 실효과를 기대할 수 없다는 반발 여론이 쏟아져 나왔다. 경기도 1만 7,160호, 인천 7,800호 등 2만 4,906호가 공급되는 반면 집값 안정에 더욱 신경을 써야 할 서울에는 겨우 1만여 호가 공급된다는 점에서 부동산 대책으로는 미흡한 점이 많아 보였다.

12·19 대책

9·21 대책의 일환으로 1차 3.5만 호 외 15.5만 호 규모의 2차 공급 계획을 12·19 대책에서 발표했다. 남양주 왕숙지구·하남 교산지구·인천계양을 3기 신도시로 지정했고, 서울까지 30분 내 출퇴근이

가능하도록 광역교통망 계획도 밝혔다.

　이에 3기 신도시 지역들은 집값이 오르고, 수도권 외곽 집값은 급락하는 등의 부작용이 생겨났다. 3기 신도시가 예상보다 서울과 먼 지역에 지정되어 서울 진입 수요를 분산시키기엔 역부족일 것이라는 지적도 이어졌다.

2019년에 발표된
문재인 정부의 부동산 정책들

1·9 대책

　임대주택의 체계적인 관리를 위해 임대주택관리시스템 구축과 세제감면 혜택에 따른 임대인의 의무 조건을 제시했다. '임대 기간 내 양도금지'를 위반하거나 '임대료 증액 제한'을 위반할 경우의 과태료를 각각 4,000만 원, 2,000만 원씩 상향했다.

4·23 대책

　당해 공공임대주택 13.6만 호와 공공지원임대주택 4만 호 등 공적임대주택 17.6만 호를 우선 공급한다고 밝혔다. 신혼부부에겐 공적임대주택 4.6만 호를 공급하고, 청년들에겐 맞춤형 청년주택 5.3만 실(4만 1,000호)과 희망상가 창업공간 80호를 공급·지원하기로 했다. 부동산시장이 과열될 경우 곧바로 추가 조치에 들어가겠다는 의지도 밝혔다.

5·7 대책

지난 2018년 9·21 대책의 일환으로 1차 3.5만 호, 2차 15.5만 호 주택공급계획에 이어 11만 호에 달하는 3차 공급 계획을 발표했다. 또한 신규 3기 신도시로 고양 창릉지구, 부천·대장지구를 지정했다. 5·7 대책이 발표되자 일산, 운정 등 수도권 서북권에서는 고양 창릉지구 지정이 일대 주택가격 하락과 슬럼화를 야기한다며 반발했고, 실제로 대규모 반대 집회로까지 이어갔다.

8·12 대책

서울 집값이 상승세로 전환하자 민간택지 분양가상한제 적용기준 확대 방안을 밝혔다. 적용지역을 투기과열지구로 확대하며, 전매제한 기한을 3~4년에서 5~10년으로 늘렸다. 8·12 대책이 발표되자 대다수 전문가는 장기적으로 집값 완화 효과를 거두기 어렵다며 오히려 신축 아파트 청약 과열, 프리미엄 현상이 심화될 것으로 전망했다.

11·6 대책

서울 강남4구(강남·서초·송파·강동)와 마포·용산·성동·영등포가 민간택지 분양가상한제 지역으로 지정되었다. 민간택지 분양가상한제 적용지역으로 지정되지 않은 지역에서도 고분양가로 책정하는 움직임 등 시장 불안 우려가 있는 경우엔 신속히 추가 지정하겠다고 밝히며 시장에 압력을 주었다. 또한 경기 고양시와 남양주시, 부산 수영구와 동래구 해운대구를 조정대상 지역에서 해제했다.

12·16 대책

2019년 12월 16일에는 역대 부동산 정책 중에서도 초고강도의 정책으로 불리는 12·16 종합 규제 대책을 쏟아냈다. 투기수요 억제를 위해 LTV의 경우 투기지구 및 투기과열지구 주택담보대출에 대해 9억 원 이하 구간에는 40%, 시가 9억 원 초과 구간에는 20%로 비율을 차등 적용했다. 또한 15억 원을 초과하는 초고가 주택구입에는 주택담보대출을 전면 금지했고, DSR 한도도 하향 조정했다. 규제지역 주택 처분 및 전입 기간은 2년에서 1년으로 단축했고, 종합부동산세 세율 상향 조정과 공시가격 현실화 등 부동산과 관련한 전반적인 제도 개선에 나섰다.

뿐만 아니라 서울시의 일부 동에 한정했던 민간택지 분양가상한제 대상 지역을 한 달여 만에 서울 13개구 전체 동과 정비사업 이슈가 있는 강북 일대 5개와 구내 37개 동으로 넓혔고, 수도권 집값 상승을 주도한 경기도 과천·광명·하남시의 총 13개 동도 대상 지역에 포함시켰다.

이는 곧 역대급 청약 과열 현상을 발생시켰다. 분양가가 낮아지는 만큼 신축 아파트 공급은 줄어들고 수요는 늘어날 수밖에 없다. 분양가상한제 적용지역에 선보이는 단지는 시세보다 훨씬 낮은 분양가로 공급되어 당시 '로또 아파트' 붐을 일으켰다.

당첨만 되면 수억 원 시세차익을 얻을 수 있다는 점에서 청약경쟁률이 폭등했고, 가점제 체제와 맞물려 청년층의 내 집 마련이 더욱 불리해졌다. 아무리 청약가점을 신경 써서 관리한다 해도 현실적으로는 당첨이 불가능한 지경까지 이른 것이다.

또한 9억 원 초과 아파트 대출이 어려워지자 9억 원 이하 아파트로 수요가 집중되며 집값이 대폭 올랐다. 강력한 대출 규제로 실수요자까지 대출받기 어려워졌다는 비판이 나왔다.

2020년에 발표된
문재인 정부의 부동산 정책들

2·20 대책

경기 지역의 집값이 오르자 조정대상지역 내의 LTV 규제를 강화했다. 주택가격 9억 원 이하에 LTV 50%, 초과분에 LTV 30%를 적용하며 대출을 더욱 옥죄었다. 사업자의 주택담보대출 제한지역 또한 조정대상지역까지 확대했고, 조정대상지역 내 1주택자 주택담보대출 실수요 요건에 신규 주택 전입의무 조건도 추가했다.

5·6 대책

이 대책에서는 공공재개발 활성화, 유휴부지 확보 및 정비 등을 통해 2022년까지 서울 도심에 7만 호의 주택을 추가로 확보하겠다는 내용과 2023년 이후 수도권에 연평균 25만 호 이상의 주택공급을 가능케 하겠다는 내용을 담았다. 이어 문재인 정부 출범 이후 처음으로 정비사업을 활성화하겠다는 내용을 포함시켰다. 조합 갈등, 사업성 부족 등으로 장기 정체중인 재개발 사업에 '공공'이 참여해 신속하게 사업을 추진한다는 전략을 내놓았다.

6·17 대책

비규제 지역들을 중심으로 집값이 오르자 수도권·대전·청주 대부분의 지역을 조정대상지역·투기과열지구로 묶었다. 또한 무주택자 또는 1주택자가 규제지역에서 주택구입을 위해 주택담보대출을 받을 경우 주택가격에 상관없이 무조건 6개월 이내 전입해야 하며, 주택 구매 목적으로 보금자리론을 받을 경우 3개월 이내 전입 및 1년 이상 실거주 의무를 추가했다. 전세대출로 투기지역이나 투기과열지구의 시가 3억 원 초과 아파트를 신규 구입하면 전세대출을 즉시 회수조치하기로 했다. 하지만 이는 결국 또 한 번 현금 부자만 매수가 가능해지는 결과를 낳았다.

서울 잠실동·삼성동·대치동·청담동은 1년간 토지거래허가구역으로 구청장 허가 후에 매매를 할 수 있게 했으며, 실거주 목적이 아닐 시 매매를 금지했다. 수도권 투기과열지구 내 재건축 아파트는 조합원 분양신청 시까지 도합 2년 이상 거주한 경우에 한해 분양 신청을 허용하겠다고 밝혔다. 이로 인해 거주 기간을 못 채운 집주인들이 세입자를 내보내는 등 전·월세난이 가중되기 시작했다.

이처럼 문재인 정부는 끊임없는 규제책을 선보였다. 하지만 억제책을 지속하면 시장에 내성이 생겨 규제 효과를 보기 점차 어려워진다. 특히 주택을 새로 건설한 부지가 부족한 서울의 경우 재건축이나 재개발 등의 정비사업을 통해 공급을 풀어주는 것이 중요한데, 이 점을 문재인 정부는 계속 외면해왔다. 공급 대신 규제지역을 확대하는 방안은 비규제지역의 풍선효과를 낳을 수밖에 없는 구조로, 더 이상의 규제지역 확대는 집값 안정에 무의미할 것이라는 의견도 나왔다.

7·10 대책

7·10 부동산 대책에서는 청약시장에서 소외되었던 무주택 실수요자를 위한 다양한 주택공급대책이 포함되었다. 대표적인 것이 생애 최초 특별공급의 비율 확대다. 기존 공공주택 분양에만 적용되었던 생애 최초 특별공급을 민영주택에 적용한다는 내용이 핵심이다.

또한 다주택자에 대한 취득세와 종합부동산세, 양도소득세를 한꺼번에 올렸다. '3주택 이상+조정대상지역 2주택'일 경우 종합부동산세 중과세율을 최대 6%로 인상했고, 양도소득세 세율 역시 주택 입주권과 분양권 보유 기간에 따라 최대 70%로 높였다. 취득세율도 최대 12%로 인상했다. 다주택자 등에 대한 세금 강화로 아파트 증여가 폭발적으로 증가했다. 실제로 2020년 상반기(1~6월)에 수도권 집합건물(아파트·오피스텔)의 월평균 증여는 2,831건이었지만, 7·10 부동산 대책이 나온 이후 한 달간(7월 11일~8월 10일) 수도권 아파트 증여는 1만 3,515건으로 상반기 월평균보다 무려 4배 이상 증가했다.

아파트에 대한 임대주택등록 제도도 완전 폐지했다. 2017년 12·13 대책에서 임대주택등록 활성화 방안을 내놓은 지 2년 7개월 만의 일이다. 이에 임대사업자는 하루아침에 투기꾼으로 전락했으며, 정부 스스로 정책 신뢰성을 훼손시켰다는 평가를 받았다.

8·4 대책

들끓는 부동산 민심을 돌리기 위해 정부는 다시 한번 8·4 부동산 대책을 내놓았다. 3기 신도시 용적률 상향을 통한 2만 4,000호, 공공참여재건축 5만 호, 공공재개발 2만 호, 도심권 규제 완화 5,000호 등 총 13만 2,000호를 공급한다는 것이 8·4 대책의 골자다. 당초 계획한 공공분양 물량 사전 청약을 9,000호에서 6만 호로 확대하겠다는 내용도 포함시켰다.

8·4 부동산 대책으로 서울에서 가장 오래되고 유일한 군 골프장인 태릉골프장이 직격탄을 맞았다. 골프장을 갈아엎고, 1만 가구를 공급하겠다고 밝혔기 때문이다. 이 정책으로 구리시 갈매지구를 비롯한 노원구 공릉동 부동산이 들썩였다.

또한 재건축 활성화 대책으로 용적률은 300%에서 최대 500%로, 층고는 35층에서 최대 50층까지 높이는 대신, 늘어나는 용적률의 50~70%를 기부채납 형태로 공공임대와 분양을 각각 50%씩 총 5만 호를 공급하겠다는 방안도 내놓았다. 하지만 늘어난 용적률을 기부채납을 한다면 큰 메리트가 없는 것으로 판단되어 공공재건축 사업에도 제동이 걸렸다.

11.19 대책

2020년의 마지막 부동산 대책이자 문재인 정부의 스물네 번째 부동산 대책인 11·19 대책은 '서민 중산층 주거안정화 방안'을 담은 전셋값 안정 대책이다. 11·19 대책은 '2년 동안 전국에 11만 4,000가구의 전세 주택을 공공임대 형태로 공급한다'는 내용이 골자다. 정부는 3개월 이상 공실로 남아 있던 공공임대주택 3만 9,100가구를 기존 월세 방식이 아닌 전세로 전환해 공급하기로 했다.

하지만 이 대책도 나오자마자 비판을 받았다. 정부의 주거지원 방안은 주거선호도가 높은 아파트는 빠진 채 빌라나 오피스텔 공급에 집중되었고, 장기 공실 임대주택의 경우 입지나 상품성이 떨어져 월세를 전세로 전환해도 메리트가 없다고 봤기 때문이다.

2021년에 발표된
문재인 정부의 부동산 정책들

2·4 대책

2021년에도 전국 집값이 좀처럼 잡히지 않자 정부는 지자체와 공기업이 주도해 2025년까지 수도권에 약 61.6만 호(서울 약 32만 호) 및 지방에 약 22만 호 등 총 83만 6,000호의 신규부지를 확보해 주택을 공급하겠다는 계획을 내세웠다.

정부는 공공이 참여하는 재건축 사업에는 재건축초과이익환수제의 부담금을 면제해주겠다는 인센티브까지 제시하는 등 파격적인 공급대책을 내놓았다. 당시 홍남기 경제부총리는 "공급 쇼크"라며 자신감을 드러냈지만, 어디에 얼마만큼 짓겠다는 것인지 구체적인 계획이 담겨있지 않아 시장에서는 '뜬구름 잡기'라는 혹평을 받았다.

문재인 정부의 스물다섯 번째 부동산 대책인 2·4 대책은 2025년까지 전국에 83만 6,000가구를 공급한다는 게 아니라 공급 용지를 확보하겠다는 것이었다. 하지만 용지를 확보하는 데도 최대 4년이 걸리면 실제 분양과 입주가 언제 이루어질지도 예측하기 어렵다는 부정적 평가를 받았다.

이어 8·2대책(전국 7만 5,083호 공공임대·공공분양주택 등 입주자 모집),

8·30대책(무주택 실수요자 특별공급 청약기회 확대), 9·15대책(도시형생활주택·오피스텔 면적은 커지고 공급도 늘어남), 10·26대책(가계부채 관리 강화방안) 등을 내놓았다.

부동산 규제로 잡아내지 못한
부동산 가격

이처럼 문재인 정부는 온갖 부동산 정책을 계속 쏟아냈음에도 전국 집값은 들썩였고, 결국 20대 대통령 선거에도 악영향을 미쳤다. 문재인 정부의 패착은 크게 4가지로 볼 수 있다. 부동산시장을 정치적인 이념으로 접근했다는 점, 다주택자를 투기꾼으로만 인식했다는 점, 집권 기간 동안 규제책만을 내놓았다는 점, 전문가와 시장의 목소리를 귀담아듣지 않았다는 점이다.

결국 20대 대통령 선거에서도 국민들의 최종 선택에 가장 큰 영향을 미친 요소는 '문재인 정부의 부동산 정책 실패'였다. 한 설문조사에 따르면 '20대 선거에서 지지 후보를 결정하는 데 영향을 끼친 이슈를 꼽아달라'는 질문에 응답자의 38.9%가 '문재인 정부의 부동산 정책 실패'를 꼽았다. 부동산 정책 실패에서 비롯된 정권 심판론에 대한 여론이 높았기 때문에 정권 교체가 일어난 것으로 볼 수 있다.

부동산 정책을 통한 정부의 개입, 어디까지가 적당한가?

정부는 부동산시장에 어디까지 개입해야 할까? 모든 것을 시장에 맡긴다면 시장은 극심한 양극화 현상으로 붕괴하는 현상이 나타날 수도 있다. 이런 상황이 생기지 않기 위해 정부는 다양한 각도로 개입을 해야 한다.

정부가 시장에 개입해 해결해야 한다 vs.
시장의 자율에 맡겨야 한다

시장경제에서 정부는 시장에 과도하게 개입하는 것이 아니라 시장이 잘 작동하도록 도와주고 감독하는 역할을 해야 한다. 정부는 '심판의 역할' '시장 실패의 관리역할' '소득재분배의 역할' '안정화 역할'이라는 크게 4가지의 역할을 수행해야 한다.

첫째, 정부는 경제가 효율적인 작동을 하기 위해 규칙을 정하고 이를 관리·감독하는 역할을 해야 한다. 합의된 규칙을 만들고, 계약을 신뢰할 수 있도록 심판의 역할을 해야 하는 것이다.

둘째, 정부는 공정한 시장을 저해하는 요소가 나타났을 때 이를 시정할 수 있도록 명령하거나, 일반 소비자가 피해를 보지 않도록 시장 실패의 관리역할도 해야 한다. 독점이나 정보의 불균형(LH직원의 투기사태) 등의 원인으로 부동산 가격이 폭등하거나 폭락하는 현상도 막아야 한다.

또한 정부는 시장에서 공급되기 어려운 도로나 항만 등의 공공재 공급도 담당해야 한다. 이때 정부의 개입이 시장을 흔들며 시장 실패 현상이 나타날 수 있으므로 공정성을 지켜야 한다.

셋째, 정부는 소득재분배의 역할도 해야 한다. 우리나라 모든 국민은 환경이 다르고, 능력과 소득에도 차이가 발생한다. 어느 정도 격차가 벌어지는 것은 당연하지만 소득 격차가 크게 벌어진다면 사회의 안정성이 무너질 수 있기 때문에 정부가 나서야 한다. '대등한 위치에서 경쟁한다'는 취지에서 소득재분배를 해야 하며, 정부는 소득이 높아질수록 세금을 더 걷는 누진세를 채택하거나 비싼 집을 소유한 소유자에게 더 많은 세금을 부과해야 한다.

넷째, 정부는 경제 안정화와 지속적인 성장에 귀를 기울여야 한다. 경제에는 호황과 불황이라는 흐름이 존재한다. 이에 정부는 미래를 고려한 안정적이고 합리적인 경제활동을 할 수 있도록 노력해야 한다.

그렇다면 정부는 시장에 어디까지 개입해야 할까? 모든 것을 시장에 맡긴다면 시장은 극심한 양극화 현상으로 붕괴될 수 있다. 이런 상황이 생기지 않게 정부는 다양한 각도로 개입을 해야 한다. 그러나 정부의 개입이 언제나 시장을 올바르게 잘 작동할 수 있도록 하는 것만은 아니다. 시장에서 시장 실패가 일어나는 것처럼 정부도 개입에 실패할 수 있다. 시장 기능의 한계를 보완하고 원활한 작동을 위해 정부가 시장에 개입해야 하지만 항상 긍정적인 결과를 나타내는 것은 아니기 때문이다.

부동산시장도 예전에 비해 다양성이 확대되었고, 규모도 커졌다. 이에 따라 정부가 부동산시장에 개입하는 영역이 넓어졌고, 이해관계도 복잡해졌다. 그러므로 정부가 시장에 과도하게 개입하게 된다면 시장이 무너질 수도 있다.

또한 정부가 저소득층이나 주거 불안정을 겪는 이들에게 선의를 베푼다는 좋은 의도와는 달리 부작용을 낳을 수도 있다. 무상으로 도움을 받는 사람들은 계속해서 의지하려는 마음이 생길 것이고, 고소득층은 열심히 일할 의욕을 상실해 활발한 경제활동이 이루어지지 않을 수도 있다.

따라서 정부의 시장 개입은 시장경제의 자유로운 활동을 저해하지 않는 범위 내에서 이루어져야 한다. 가능한 한 시장의 경쟁원리를 시장에 맡기고, 필요한 경우에 최소한의 정부 개입이 이루어져야 할 것이다.

또한 정부의 시장 개입이 있더라도 시장 기능 활성화에 초점을 두는 정책을 내놓아야 할 것이다. 각종 부동산 규제는 규칙과 엄격한 준수, 공정한 사회를 바탕으로 시행해야 하고, 정부가 시장과 싸우려 하지 않아야 안정적인 부동산시장이 올 것이다.

정권에 따라 달라지는
정부의 시장 개입

역대 대통령의 주요 부동산 정책을 간단히 정리하면 다음과 같다.

- 노태우 : 토지과다보유세 부과, 분양가상한제 도입
- 김영삼 : 부동산 실명제 도입, 분양가 단계적 자율화
- 김대중 : 주택·건설 경기 활성화, 투기과열지구 대출 규제
- 노무현 : 종합부동산세 도입, 재건축 초과이익환수제 실시
- 이명박 : 투기지역 대거 해제, 대출 규제 완화
- 박근혜 : 생애 최초 주택 대출 지원, 주택 대출 규제 완화
- 문재인 : 재건축 초과이익환수제 부활, 종부세 부담 강화

1988년 제6공화국인 노태우 정부 시절, 넘쳐나는 주택 수요를 받쳐주지 못하는 주택공급으로 주택가격 급등현상이 나타나자 이를 해소하기 위해 '주택 200만 호 건설'이라는 대한민국 역사상 최대의 주택 건설 프로젝트인 1기 신도시를 내놓았다. 대규모 주택공급이 빠르게 이루어졌고 주택 수요에 맞춘 공급이 이루어졌다는 평가를 받았다.

1993년 금융실명제와 1994년 주택임대사업자제도, 1995년 부동산실명제를 잇달아 도입하면서 부동산시장으로 유입 자금이 줄어든 김영삼 정부 시절에는 수도권 미분양 물량이 본격적으로 나오면서 집값이 안정·하락세를 보였다. 신도시와 KTX 등 교통망의 개발이 이루어지는 곳에서 부동산 가격이 급등하기도 했지만 비교적 안정적인 시장이었다. 하지만 임기 말 IMF 외환위기 사태로 인한 외부 충

격이 시장에 들이닥치면서 부동산시장이 큰 위기를 맞은 바 있다.

1998년 출범한 김대중 정부는 IMF 외환위기 수습 및 경기회복을 위해 과감한 정책을 단행했다. 양도소득세 면제, 분양가 자율화, 외국인 투자 허용, 부동산 세금 완화, 소형주택 의무비율 폐지, 청약자격 대폭완화, 분양권 전매 허용 등 부동산 규제를 파격적으로 완화했다. 이 같은 부동산 규제 완화로 1998년 평균 13.24% 급락했던 주택가격이 임기 말에 평균 22.8%까지 오르는 등 부동산시장 회복세가 이어졌다. 다만 이 같은 규제 완화가 부동산시장 과열을 만들었다는 지적도 있다.

2003년 출범한 노무현 정부는 '부동산시장 안정'을 핵심 정책으로 삼고, 과열된 부동산시장을 잡기 위해 부동산 관련 정책수단을 전격적으로 총동원했다. 종합부동산세 도입과 보유세 현실화를 통한 수요 억제, 공급 확대, 자금출처 조사를 포함한 행정규제 등 강력한 정책을 내놓았지만, 서울을 중심으로 전국 집값이 오른 데다가 부동산 관련 세금 인상이 전세나 월세로 전가되는 현상이 나오는 등 정부가 부동산시장에 과도하게 개입했을 때의 대표적 실패 사례로 꼽힌다.

노무현 정부와 여러 가지 면에서 대척점으로 형성된 이명박 정부는 2007년 출범했다. 하지만 출범 1년 만에 2008년 미국 리먼 브라더스 사태가 발생하면서 국내 경제 전반에 큰 충격을 주었다. 이명박 정부는 부동산시장 활성화를 위해 규제들을 모두 완화했다. 이 과정에서 노무현 정부가 취한 각종 정책들을 폐지하고 완화했다. 부동산시장 완화에도 불구하고 수도권 부동산시장은 글로벌 금융위기의 충격에서 벗어나지 못했지만, 지방 부동산은 4대강사업을 진행하면서 대규모 토지 보상을 지급했기에 활기를 보였다.

부동산시장을 정상화시키는 데 초점을 둔 박근혜 정부는 이명박 정부에 비해 더욱 적극적인 정책을 내놓았다. '부동산시장 활성화로 침체된 경기를 살리겠다'고 밝히며 LTV와 DTI 규제 완화, 부동산 투자 이민제 확대 적용, 청약제도 개선, 재건축·재개발 규제 개선, 생애 첫 구입 주택에 대한 취득세 면제 등의 정책을 내놓았다. 특히 대출 규제 완화는 '빚내서 집 사라'는 정책으로 인식될 정도로 파격적이었다.

당시 분양시장에서는 실거주 목적이 아닌 단기 매매차익을 노린 투기 세력이 증가했고, 이에 서민들은 주택가격 상승으로 주택구입 기회가 줄었다는 분석이 나온다. 결과적으로 박근혜 정부는 부동산 경기회복에만 초점을 두는 바람에 무주택 저소득층의 주택구입에 대한 배려가 부족했다는 평가를 받았으며, 대출 규제 완화의 영향으로 가계부채가 급증하는 문제도 낳았다.

2017년 출범한 문재인 정부는 노무현 정부의 부동산 정책을 계승했다. 다주택자 등의 투기수요를 잡고 '부동산시장이 비정상적으로 과열되었다'는 관점에서 정책들을 쏟아냈다. 이에 노무현 정부에서 나왔던 정책들을 부활시켰다. 문재인 정부가 시장에 개입한 대표적인 정책은 분양가상한제다. 주택의 가격을 시세와 달리 정부의 개입에 의해 가격을 결정하도록 한 것이다. 집값이 천정부지로 치솟는 현상을 막기 위해였지만, 오히려 공급을 막아 집값의 상승을 부추긴다는 비판이 나왔다. 결국 문재인 정부의 부동산 규제로 공급이 이루어지지 않았고, 오히려 서울을 중심으로 주택가격과 전세가격이 급등하는 결과를 초래했다.

윤석열 정부의 부동산 정책 기조와
방향성은 무엇인가?

윤석열 정부의 완화적인 부동산 정책들이 시행된다면 그동안 대출 규제로 내 집 마련이 어려웠던 수요자들에게는 절호의 기회가 될 수 있다. 정부의 규제 완화 정책 기조로 인해 얼어붙은 부동산시장이 다시 달아오를 것으로 보인다.

부동산은 정책을 따라간다,
공약을 알아야 하는 이유

"누구나 약속하기는 쉽다. 하지만 그 약속을 이행하기란 쉬운 일이 아니다." 사상가 랠프 에머슨(Ralph W. Emerson)의 명언이다.

2022년 5월에 윤석열 정부가 출범했다. 윤 정부 출범과 동시에 내건 부동산 정책 기조는 '시장의 힘을 살려 민간이 주도하는 경제를 만들겠다'는 것이다. 문재인 정부의 과도한 부동산시장 개입을 반면교사 삼아 규제 완화 정책에 힘을 실었고, 규제로 묶인 정책들을 완화하는 데 초점이 잡힐 것으로 보인다.

하지만 대통령 선거 때의 공약(公約)이 공약(空約)이 되는 사례가 많기 때문에 공약을 맹신하면 안 된다. 그럼에도 부동산 공약을 통해 정부의 정책 기조와 방향성을 파악할 수 있으므로 부동산 공약의 내용을 알아두는 것이 중요하다.

우선 현 정부가 내놓은 부동산 공급 공약을 잘 살펴봐야 한다. 먼저 주택공급은 공공에서 민간주도로 바뀌 250만 호 이상 공급에 나서겠다고 공약했다. 매년 50만 호씩 공급해 총 250만 호를 공급한다는 계획으로, 수도권에만 130~150만 호의 주택공급을 이루겠다는 것이다.

주택 유형별로는 청년원가주택 30만 가구, 역세권 첫집 주택 20만 가구, 공공분양주택 21만 가구, 공공임대주택 50만 가구, 민간 임대주택 11만 가구, 민간 분양주택 119만 가구로 계획되었다.

이 부분에서 주목할 점은 민간 분양주택이다. 재개발·재건축 등의 정비사업과 민간택지 분양가상한제 등을 완화해 민간의 몫을 늘리면

문재인 정부의 부동산 정책 vs. 윤석열 정부의 부동산 공약

문재인 정부	구분	윤석열 정부
• 다주택자 양도세 중과 • 공정시장가액비율 100% 적용	부동산 세제	• 다주택자 양도세 중과 한시적 완화 • 공정시장가액비율 95% 유지
• 재건축 안전진단 기준 강화 • 초과이익환수제 부활	재건축 재개발	• 재건축 안전진단 완화 • 초과이익환수제 재검토
• 임대차 3법 시행 • 4년 단기임대, 아파트 등록임대제 폐지	주택 임대시장	• 임대차 3법 일부 개정 또는 폐지 • 전용 $60m^2$ 이하 아파트 신규 임대등록 허용
• 주택담보대출비율(LTV) 최고 40% 규제 • 15억 원 초과 주택 대출 금지	대출 규제	• LTV 70% 단일화

서 민간 시장 주도형으로 공급한다는 계획이다. 대표적으로 초과이익환수제를 완화하고 30년 이상 노후 아파트의 정밀안전진단 면제, 1기 신도시 특별법 등으로 공급물량을 확보하겠다고 밝혔다.

또한 공급 확대를 위한 '분양가상한제 폐지'도 공약 중 하나다. 분양가상한제는 공공택지이거나 민간택지 중 국토교통부 장관이 지정하는 지역에서 국토교통부령이 정하는 기준에 따른 분양가격 이하로 공급하는 제도다. 말 그대로 분양가의 상한선을 정해두고 높은 분양가 책정을 막기 위함이다. 하지만 이 제도가 사유재산 침해, 원자재 가격 상승에 의한 건설사의 어려움, 청약 과열 현상 등의 문제도 있어 분양가상한제 폐지에 나서겠다는 것이다.

윤석열 정부는 전월세 시장 정상화를 위해 '임대차 3법 폐지'를 공약으로 내세웠다. 시장원리에 따라 임대인들도 자유롭게 공급량(전월세 물량)을 늘릴 수 있도록 해야 한다는 것이다. 정부가 시장의 물량이나 가격을 직접 통제하는 계약갱신청구권과 전월세상한제 대신 시장원리에 부동산시장을 맡기는 것이다. '임대차 3법 폐지'가 공약으로 나온 것은 전세기간을 '2년+2년'으로 연장하는 계약갱신요구권과 전월세 인상률을 5%로 묶어 전월세 가격을 직접 통제하는 전월세상한제가 전월세 물량 급감과 가격 급등을 초래했다는 판단을 했기 때문이다.

물론 여소야대의 정국에서 '임대차 3법 폐지'가 현실화되는 것은 쉽지 않을 것으로 보인다. 하지만 개선할 수 있는 대안을 제시해 최대한 합의를 이끌어낼 것으로 보이며, 다주택자에게 인센티브를 줘 전월세 매물을 유도할 것으로 보인다.

세금 공약은
감세정책이 중심이다

윤석열 정부는 세금 부분에서도 대폭 손질하겠다고 공약했다. 문재인 정부의 절세 정책을 폐기하고, 종합부동산세 개편 등 세부담 완화로 감세정책이 전환되기에 '과세 체계'가 싹 바뀐다.

우선 종부세 과세 체계부터 고쳐 세부담을 줄이기로 했다. 이를 위해 도입한 방식은 3가지다. 첫째는 2주택 이상(조정대상지역) 다주택자 중과제도 폐지, 둘째는 종부세율 단일화 및 세율 인하, 셋째는 기본공제금액 상향이다.

첫째, 종부세 과세 체계를 주택 수 기준에서 주택가격 기준으로 바꾼다. 기존 다주택자(조정대상지역 2주택 이상)에게 적용되는 세율은 1.2~6%로 1주택 기본 세율(0.6~3%)보다 2배 이상 높다. 다주택자를 투기꾼으로 보고 징벌 과세한다는 취지다. 하지만 이러한 체계는 과세 형평성을 떨어뜨린다는 지적이 많았다. 이 기준대로라면 서울에 수십 억 상당의 아파트 한 채를 보유한 사람보다 수 억짜리 아파트 두 채를 보유한 사람에게 더 높은 세율이 적용되기 때문이다. 하지만 새 기준에서는 종부세를 매길 때 주택 수가 아닌 주택가격에 초점을 둔다. 예를 들어 아파트 5채를 갖고 있어도 소액 주택이라 과세표준 3억 원 아래면 최저세율을 적용받는다.

둘째, 1주택자와 다주택자를 구분해 적용했던 종부세율은 2023년부터 주택 수와 상관없이 0.5~2.7%로 단일세율로 바뀐다. 종부세율 역시 2019년 수준으로 낮췄다.

셋째, 공시가격에서 공제금액을 뺀 뒤 공정시장가액비율(할인율)

을 곱해 나온 과세표준에 종부세율을 적용해 산출한다. 정부는 이 과세표준을 낮춰주는 핵심 항목인 기본공제금액을 높인다. 다주택자는 6억 원에서 9억 원으로, 1가구 1주택자는 11억 원에서 12억 원으로 상향한다. 여기에 1주택자와 다주택자에게 달리 적용한 세 부담 상한도 150%로 단일화한다.

대출 관련한 공약은 취임 후 2개월 만에 바로 이루어졌다. 생애 최초 주택담보대출비율(LTV)을 80%로 완화하는 규제가 2022년 8월부터 시행되었다. 개정안은 생애 최초 주택구매자의 LTV 상한을 기존 60~70%에서 80%로 완화한다. 규제지역 주택담보대출 시 기존주택 처분 기간을 6개월에서 2년으로 완화하고, 신규 주택 전입의무도 폐지된다. 생활안정자금 목적 주택담보대출 한도도 기존 1억 원에서 2억 원으로 완화한다. 총부채원리금상환비율(DSR)이 배제되는 긴급 생계용도 주택담보대출 대출한도는 기존 1억에서 1억 5,000만 원으로 확대했다. 이 외에도 첫 주택구입자에게 3억 원 한도 내에서 3년간 저금리 지원을 할 예정이다. 이러한 정책들이 시행된다면 그동안 대출 규제로 내 집 마련이 어려웠던 수요자들에게는 절호의 기회가 될 수 있다.

이 같은 윤석열 정부의 공약이 이루어지려면 국회 통과가 필요하다. 야당인 더불어민주당이 규제 완화를 반대하고 있어 공약대로 이루어지지 않겠지만, 윤석열 정부가 규제 완화 정책 기조를 갖고 있다는 점에서 얼어붙은 부동산시장이 다시 한번 달아오를 것으로 보인다.

돌고 도는 부동산 정책,
결국 규제 완화가 관건이다

윤석열 정부는 부족한 주택을 공급하기 위해 규제 완화 카드를 꺼내 들었다. 이제 서울을 중심으로 핵심지역의 부동산시장은 안정적인 흐름을 보일 것으로 전망된다. 규제 완화 정책은 또 다른 기회를 부른다.

규제 뒤에 어김없이 오는 완화,
경제활성화를 위한 규제 완화 정책

일반적으로 정권이 바뀌게 되면 기존에 있던 다양한 정책들에 대해 조금씩 손을 보게 된다. 이번 윤석열 정부에서 가장 주목받고 있는 분야는 단연 부동산이다. 부동산 정책을 통해 윤석열 정부가 5년간 부동산시장을 어떻게 바라볼 것인지 알 수 있다.

부동산시장에는 너무나도 다양한 변수들이 도사리고 있지만, 기본적으로 우리나라의 부동산 정책은 정치와 분리할 수 없다. 대통령과 여야구도에 따라 정책이 달라지고, 그에 따라 시장이 바뀐다. 윤석열 정부가 친(親) 시장 정부라 하더라도 정책을 함부로 건드릴 수 없다. 규제 완화로 인해 집값이 자칫 크게 오르면 정부에 대한 부정적인 인식이 커지기 때문이다. 이렇듯 지나친 규제 완화는 독이 될 수 있다.

앞서 언급한 대로 새 정부도 집값이 급등하는 것을 원치 않는다. 그러므로 부동산 정책은 시장의 움직임에 따라 기약 없이 미루어질 수도 있음을 알아야 한다.

일각에서는 "부동산 가격이 폭락할 것"이라는 주장도 한다. 코로나19 팬데믹 시대에 0%의 기준금리로 집값이 치솟았으니 한국은행이 금리를 올릴수록 집값이 내려앉을 것이라는 주장이다. 하지만 부동산시장은 금리 외에도 많은 변수들이 다양한 영향을 끼친다. 부동산 정책 하나만으로도 금리 이상의 영향을 끼칠 수 있기 때문이다.

또한 부동산 정책의 경우 이전 정부에서 부동산시장과 부동산 정책이 어땠는지 알아야 한다. 이전 정부에서 부동산시장에 규제가 심했다면 새 정부에서는 규제를 풀 것이고, 시장이 과열되었다면 규제를 강화하는 것이 그간 반복되어왔다.

실제로 2003년 노무현 정부는 외환위기 극복 이후 급성장하는 부동산시장을 해결하기 위해 온갖 부동산 규제를 쏟아냈다. '투기와의 전쟁'을 선포하며 버블세븐 지역을 지정해 집중적으로 규제했지만, 집값이 급등했었다. 물론 서민과 중산층을 위해 주택공급을 늘리며 규제만이 아닌 공급도 확대했지만, 그럼에도 부동산시장은 불같이 타오르는 등 강도 높은 규제만으로는 시장의 문제를 해결할 수 없었다.

부동산 규제 완화는
또 다른 기회를 부른다

2008년 출범한 이명박 정부는 우여곡절이 많았다. 2008년 150년 전통의 투자은행인 리먼 브라더스가 파산해 세계 경제가 휘청거렸기 때문이다. 이명박 정부는 이전 노무현 정부의 부동산 규제와 글로벌 금융위기로 죽어가던 부동산시장을 살리기 위해 노무현 정부 시절에 시행되었던 온갖 부동산 규제를 풀었다.

이명박 정부에서 가장 골칫거리는 '미분양 주택'이었다. 이명박 정부가 출범한 2008년에는 전국 미분양 물량이 16만 5,599가구로 역대 가장 많은 미분양 물량이 쌓여 있었다. 노무현 정부의 부동산 규제로 시장이 위축된 데다 글로벌 금융위기까지 더해지며 엄청난 미

2003~2022년, 정부별 전국 미분양 물량현황

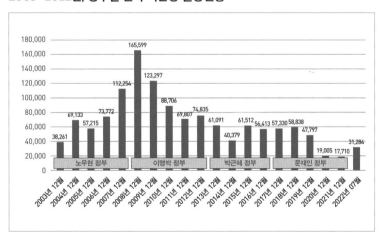

<자료_국토교통부 통계누리>

분양 물량이 쌓였기 때문이다.

당시 많은 건설사들이 사라졌고 구조조정되었으며, 일부 건설사들은 법정관리까지 넘어가 기사회생한 경우가 흔했다. 이명박 정부는 부동산 규제 완화를 통해 미분양 물량을 해소해 시장을 회복시키고자 했다. 이에 2008년 말에 16만 5,599가구였던 미분양 물량이 2013년 말에는 6만 1,091가구가 되며 미분양 물량이 대폭 가라앉았다.

2013년 출범한 박근혜 정부도 이명박 정부와 마찬가지로 규제를 풀어 부동산시장을 살리는 데 초점을 맞췄다. 도시 외곽에 대규모 택지지정 없이 주택을 공급하겠다고 한 것이다. 기존 미분양도 소진 못하고 있는 상황에서 건설시장의 경기 부양을 위해 추가 공급을 내놓은 것이다. 대신에 주택구입을 위한 금융지원을 확대하면서 "빚내서 집 사라"는 말이 나온 것이다.

2017년 문재인 정부는 기존 미분양 물량이 많이 쌓여 있는 만큼 주택은 넉넉하기 때문에 규제로 적체된 미분양 물량을 해소시키는 데 나섰다. 규제 정책으로 미분양 물량이 어느 정도 해소되기도 했다. 2017년 말에 전국 5만 7,330가구에 달했던 미분양 물량은 정권 말인 2022년 5월에 2만 7,375가구로 감소했다.

새로 들어선 윤석열 정부는 부족한 주택을 공급하기 위해 규제 완화 카드를 꺼내 들었다. 이 과정에서 시점이 중요하겠지만, 단기간 가격은 상승할 것으로 보인다. 가격이 급등하면 규제 완화 속도 조절에 나설 수밖에 없겠지만, 서울을 중심으로 각 지역에서도 핵심지역의 부동산시장은 안정적인 부동산 흐름을 보일 것으로 전망된다.

위험을 감내하고 큰 수익을 갖는 일부 사람들이 있지만, 사실 작은 위험만 감수하고 안정적인 투자로 자산을 쌓아가는 사람들이 훨씬 많다. 대표적으로 부동산이 여기에 해당한다. 본업에서 큰돈을 벌고 있는 연예인들도 빌딩 투자로 큰 수익을 냈다는 언론기사를 쉽게 접할 수 있다. 연예인들이 수익형 부동산에 뛰어드는 많은 이유 중 하나는 리스크가 크지 않고, 장기간 소유했을 때 상당한 이익을 거둘 수 있기 때문이다.

수익형 부동산은 주거용 부동산과 전혀 다른 관점에서 접근해야 한다. 데이터도 다르고 해석하는 부분도 다르다. 이에 7장에서는 수익형 부동산에 어떤 상품이 있는지, 어떻게 접근해야 하는지, 어떤 상황에 있는지 자세히 살펴본다.

7장

게임의 법칙이 다르다 _
수익형 부동산으로 돈 버는 방법

수익형 부동산,
어떻게 접근해야 할 것인가?

과감한 투자로 시세차익을 얻으려는 투자자들도 존재하겠지만, 경기가 불안하면 골칫거리가 될 수 있다. 그러므로 수익형 부동산의 기본 투자 원칙은 수익성 외에 안정성과 환금성도 있음을 반드시 고려해야 한다.

돈 되는 수익형 부동산,
무엇을 따져봐야 하나?

2022년 한국 경제는 '고금리, 고물가, 고환율', 이른바 3고 경제에 들어섰다. 불안한 경제 상황에 많은 투자자는 과감한 투자가 아닌 안정적인 투자로 전환하고 있다. 특히 수익형 부동산은 실거주가 아닌 수익 창출이 목적인 상품인 만큼 더욱 신중하게 접근해야 한다. 공실 위험이 적은 지역의 수익형 부동산을 선택하는 것을 기본으로 해서 지역에 따른 상품성과 지역 내 대체재와 향후 공급물량, 투자수익률, 투자 리스크 등의 여부를 종합적으로 따져야 할 것이다.

투자에 앞서 매매가격 대비 수익이 얼마나 나올 수 있는지 자체적인 수익률 분석을 무조건 거쳐야 한다. 특히 새로 분양을 받아 시작하는 수익형 부동산의 경우 분양대행사에서 말하는 긍정적인 데이터만 들으면 안 된다. 분양대행사에서 말하는 안정적이고 높은 투자 수익률에 현혹되면 큰 손해를 볼 수 있다.

분양대행사에서 말하는 투자수익률은 대출이자와 필요비용 등이 제외되는 높은 수익률의 단순 수치만을 계산한 것이다. 특히 수익형 부동산은 매입 시 취득 금액의 4.6%(취득세 4%, 지방교육세 0.4%, 농어촌특별세 0.2%)를 세금으로 내야 하고, 중개보수와 대출, 수선비 등이 발생하기 때문에 이를 고려한다면 분양대행사에서 말하는 투자수익률보다 현저히 낮은 수익률이 나올 가능성이 크다.

게다가 수익형 부동산은 주택과 달리 전매가 자유롭다고 말하지만 주거용 부동산과 비교해 거래 자체가 쉽게 이루어지지 않는다는 단점이 있다. 수요가 적기 때문에 부동산에 내놓더라도 찾는 사람이 주택과 비교해 현저히 적다는 점도 알아야 한다. 이 외에도 상권의 입지에 따라 공실에 대한 리스크도 있을 수 있으니 미리 공실에 의한 손실도 계산해 철저한 투자 계획을 세워야 한다.

수익형 부동산에 대한 투자가 처음이라면 소액으로 시작해 시장을 파악한 뒤 규모를 늘려나가는 것이 좋다. 소액으로 무난하게 투자할 수 있는 대표적인 상품들에는 오피스텔과 상가 중에서는 집합상가, 과거에 '아파트형 공장'으로 불렸던 지식산업센터가 있다.

오피스텔의 경우 소형 아파트와 비교해 매매가격이 저렴한 데다 대출 비중도 높은 편이라 투자자들의 진입장벽이 낮다. 오피스텔은 별도의 관리주체가 있는 경우가 많아 크게 신경을 쓰지 않아도 된다. 그러므로 안정적인 노후 생활비를 확보하려는 베이비붐 세대에게 인기가 많은 투자 상품이다.

집합상가는 한 건물 내에 호별로 구분 등기가 된 상가를 말한다. 집합상가는 일반상가와 비교해 상대적으로 매물이 많고, 위치에 따른 가격 격차가 적기 때문에 쉽게 접근할 수 있다.

다만 상가의 경우 시세 대비 가격이 저렴하거나 권리금이 없다고 해서 쉽게 접근하면 안 된다. 오히려 장사가 잘되는 상가의 경우 권리금과 매매가격이 높게 형성된다. 상황이 된다면 같은 상권에서 비교적 가격이 비싸더라도 안정적인 수익을 창출하는 상가를 선택하는 것이 좋다.

시세차익을 노린 신도시 상가 투자라면 공실과 저조한 임대수익의 가능성도 고려해야 할 것이다. 신도시의 경우 상권 안정화까지는 상당한 기간이 소요되기에 장기간 소유해야 한다는 점을 반드시 명심해야 한다.

지식산업센터는 동일 건축물에 제조업과 지식산업 및 정보통신사업장과 지원시설이 복합적으로 입주할 수 있는 건축물이다. 시세의 최대 80%까지 대출이 가능한 데다 2022년까지는 취득세 50%, 재산세 37.5% 감면 혜택을 받을 수 있어 투자 부담이 비교적 적다.

지식산업센터에 투자를 계획하고 있다면, 수도권에 위치하고 대중교통이 편리하며 관련 업종이 몰려 있는 곳에 관심을 두는 것이 좋다. 투자할 지역을 선택했다면 부가적으로 건물 내에 편의시설과 주차시설, 커뮤니티 시설 등이 잘 갖춰져 업무환경이 쾌적한 곳인지 따져봐야 한다. 지식산업센터뿐만 아니라 모든 부동산이 해당되겠지만, 특히 지식산업센터의 경우 커뮤니티 환경이나 깔끔한 인테리어에 현혹되지 말고 우선 대중교통 환경을 우선순위에 두는 것이 좋다.

코로나19의 거리두기가 완화되면서 셰어하우스와 에어비앤비 등의 공유 숙소도 다시 인기를 누리고 있다. 자신이 소유하거나 임대한 주택을 활용한다는 점에서 투자비용 대비 수익이 크다는 장점이 있지만, 단기 계약자들이 주 대상이기 때문에 임대 관리에 신경을 많이 써야 한다. 특히 관광지나 입지, 조망 등에 따라 수요가 크게 갈릴 수 있으므로 이런 점도 잘 고려해야 할 것이다.

부동산 상품마다 제각기 다른
투자수익률을 파악하라

수익형 부동산은 상품마다, 지역마다 투자수익률과 공실률이 제각기 다르기 때문에 투자에 앞서 평균 비율이 얼마나 되는지 알아두는 것이 좋다. 한국부동산원에서 수익형 부동산의 투자수익률을 살펴보면, 2022년 2분기 전국 오피스 투자수익률은 1.87%이며, 중대형 상가는 1.59%, 소규모 상가는 1.43%, 집합상가는 1.54%인 것으로 확인되었다.

오피스 투자수익률을 지역별로 나눠보면 서울 1.98%, 경기 1.83%, 인천 1.32%다. 이어 부산 1.97%, 대구 1.89%, 광주 1.32%, 대전 1.68%, 울산 1.83%이다.

중대형 상가 투자수익률은 서울 1.77%, 경기 1.70%, 인천 1.47%,

2022년 2분기, 수익형 부동산 투자수익률

지역	오피스	중대형 상가	소규모 상가	집합상가
전체	1.87	1.59	1.43	1.54
서울	1.98	1.77	1.61	1.56
부산	1.97	1.63	1.57	1.67
대구	1.89	1.68	1.52	1.79
인천	1.32	1.47	1.44	1.59
광주	1.32	1.48	1.37	1.62
대전	1.68	1.73	1.38	1.37
울산	1.83	1.57	1.48	1.49
세종	-	1.35	1.37	0.48
경기	1.83	1.7	1.56	1.54
강원	1.64	1.51	1.5	1.24
충북	1.09	1.7	1.56	1.38
충남	1.31	1.42	1.4	1.55
전북	1.15	1.36	1.29	1.33
전남	1.26	1.27	1.23	1.2
경북	1.71	1.21	1.26	1.32
경남	1.51	1.44	1.28	1.53
제주	1.65	1.32	1.33	1.34

<자료_한국부동산원>

부산 1.63%, 대구 1.68%, 광주 1.48%, 대전 1.73%, 울산 1.57%다. 소
규모 상가는 서울 1.61%, 경기 1.56%, 인천 1.44%, 부산 1.57%, 대구

1.52%, 광주 1.37%, 대전 1.38%, 울산 1.48%이다.

집합상가의 경우 서울 1.56%, 경기 1.54%, 인천 1.59%, 부산 1.67%, 대구 1.79%, 광주 1.62%, 대전 1.37%, 울산 1.49%로 집계되었다.

공실률이 얼마나 형성되어 있는지 투자 시작 전에 미리 알아두면 좋다. 공실률이 많은 상품이나 지역은 피하고, 공실률이 감소하고 있는 곳을 중심으로 투자하는 것이 바람직하다. 2022년 2분기 전국 오피스 공실률은 10%다. 중대형 매장용의 공실률은 13.1%, 소규모 매장용 공실률은 6.6%로 확인되었다.

오피스 공실률을 지역별로 살펴보면, 서울의 오피스 공실률은 6.5로 나타났고, 경기 7.0%, 인천 20.4%, 부산 16.5%, 대구 19.1%, 광주 16.1%, 대전 14.9%, 울산 17.5%다. 중대형 매장용 공실률은 서울 9.5%, 경기 10.8%, 인천 14.0%, 부산 15.1%, 대구 14.2%, 광주 15.3%, 대전 14.7%, 울산 21.4%로 조사되었다. 소형 매장용 공실률의 경우 서울 6.1%, 경기 6.0%, 인천 5.2%, 부산 5.3%, 대구 9.3%, 광주 5.3%, 대전 8.1%, 울산 3.2%로 나타났다.

수익형 부동산에 과감하게 투자해 시세차익을 얻으려는 투자자들도 존재하겠지만, 경기가 불안하면 거래 자체가 이루어지지 않아 골칫거리가 될 수 있다. 그러므로 수익형 부동산의 기본 투자 원칙은 수익성 외에 안정성과 환금성도 있음을 반드시 고려해야 한다.

수익형 부동산의 꽃, 오피스텔 투자 전략

아무리 상품성이 뛰어나더라도 입지가 좋지 않고 교통환경이 불편하다면 세입자를 찾는 데 어려움이 있을 수 있다. 모든 부동산에 해당되겠지만, 특히 오피스텔은 입지가 가장 중요하다는 점을 꼭 기억해야 한다.

오피스텔 투자,
무엇부터 알아야 하나?

1985년에 등장한 국내 최초의 오피스텔인 마포 성지빌딩은 주택과 오피스를 절묘하게 결합해 첫 등장 당시부터 정체성 논란이 끊이질 않았다. 애초에 오피스텔 도입 당시 사무용이라는 인식이 강했고, 업무시설 용도로 탄생한 만큼 바닥 난방이나 발코니, 욕실(샤워기 포함) 등을 설치할 수 없었다.

10년이 지난 1995년에 오피스텔 바닥에도 난방을 설치할 수 있도록 개정했고, 이후 본격적인 주거용 오피스텔 시대가 열렸다. 규제가 완화되면서 대형 규모의 오피스텔이 쏟아졌다. 거실과 2~3개의 침실이 있는 아파텔(아파트 같은 오피스텔)도 대거 공급되었다.

하지만 오피스텔이 우후죽순 증가하면서 편법 분양의 문제도 나타났다. 오피스텔은 아파트와 달리 주택법이 아닌 건축법이 적용되는 것이 주된 원인이다. 주택으로 적용되지 않는데 주택과 비슷한 주거 형태의 주거용 오피스텔을 통해 투자자들이 청약 규제를 피하거나 양도세를 탈세하는 수단으로 활용했고, 건설사들도 이런 빈틈을 이용해 폭리를 취해 분양을 했던 것이다.

이에 2004년 노무현 정부는 편법 분양과 오피스텔 과잉 공급을 우려해 규제를 내놓았다. 전용면적 50m²를 초과하는 오피스텔의 경우 다시 바닥 난방을 설치하지 못하게 했고, 욕실은 1개 이하로 3m²를 넘지 않도록 규정했다. 이 같은 규제로 오피스텔의 공급물량이 대폭 줄어들었고, 대형이 아닌 소형 위주로 분양이 이루어졌다.

이후 5년이 흐른 2009년 이명박 정부에선 다시 오피스텔에 대한 규제를 풀었다. 1~2인 가구가 증가하면서 소형 주거공간이 필요해졌기 때문이다. 이에 다시 오피스텔의 바닥 난방을 전용면적 85m² 이하까지 확대했고, 3m² 이하로 제한했던 욕실 면적도 5m²까지 늘리며 제2의 오피스텔 시대가 열리게 되었다.

주택가격이 급등하면서 아파트 대신 오피스텔로 내 집을 마련하려는 실수요자들이 많이 증가했다. 오피스텔은 주택법이 아닌 건축법의 적용을 받으므로 대출 규제를 피할 수 있기 때문이다. 실제로 오피스텔의 경우 주택담보대출(LTV) 등의 대출 규제에 영향을 받지도 않고, 15억 초과 주택에 대한 주택담보대출 금지 등의 규제도 적

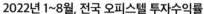

2022년 1~8월, 전국 오피스텔 투자수익률

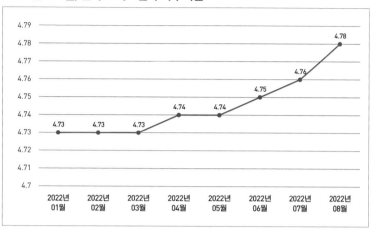

<자료_한국부동산원>

용되지 않아 실수요자와 투자자들에게 큰 인기를 끌었다.

하지만 주변을 둘러보면 "오피스텔에 투자하지 마라"라는 말을 많이 들어봤을 것이다. 이런 말이 나오는 이유는 오피스텔은 아파트와 비슷한 형태로 보이지만 '재건축이 되지 않는다'는 치명적인 단점이 있기 때문이다.

아파트의 경우 오래되고 낡으면 재건축을 해 새 아파트가 들어설 수 있지만, 오피스텔의 경우 용적률이 800~900%, 많게는 1000%까지 올라가 더 이상 올리기가 힘들다. 재건축의 경우 사업성이 있어야 진행되지만, 오피스텔의 경우 용적률이 높아 20~30년이 지나도 재건축이 이루어지지 않는다.

또한 작은 면적에 세대수가 많다는 점도 오피스텔 투자를 주의해야 하는 이유 중 하나다. 오피스텔의 경우 건폐율은 낮은데 세대수가 많아 재건축 사업이 일어나기 힘들다. 통상 재건축 사업 평가에서는 조합원 수를 사업성으로 보는 경우가 있는데, 오피스텔의 경우 아파트와 비교해 세대수가 많기 때문이다.

이 같은 이유로 오피스텔로 시세차익을 봤다는 이야기를 주변에서 들어보기가 쉽지 않은 것이다. 그래서 "오피스텔에 투자하지 말라"는 극단적인 이야기까지 나오는 것이다.

하지만 모든 오피스텔이 이에 해당되지는 않는다. 입지가 뛰어나고 상품성이 뛰어난 오피스텔의 경우 수요가 항상 많기 때문에 안정적인 투자처로 꼽을 수 있다. 업무지구나 상업지구에 위치한 오피스텔이 대표적이다. 도심에서의 편리한 생활을 누릴 수 있고, 갈수록 증가하는 1~2인 가구들에게 선호도가 높기 때문이다.

상품성보다 더 중요한 오피스텔 입지,
수요가 있는 곳을 택하라

최근에 분양하는 오피스텔의 경우 다양한 특화 설계가 적용되고 있다. 알파룸과 드레스룸, 팬트리 등의 특화 설계는 기본이고, 최첨단 시스템을 갖춘 데다가 아파트에서나 볼 수 있는 고급 커뮤니티 시설까지 들어서서 아파트와 비교해도 전혀 부족한 면이 없다.

게다가 아파트와 달리 청약통장이 없어도 되고, 전매도 자유로워 실수요자와 투자자들에게 접근성이 높다. 또한 오피스텔에 들어오려는 수요도 많아 '수익형 부동산의 꽃'으로 불린다.

하지만 오피스텔은 수요가 없으면 가치가 떨어질 수 있기 때문에 항상 수요가 넘치는 '입지가 뛰어난 곳'에 투자해야 한다. 오피스텔을 찾는 수요 자체가 떨어진다면 월세를 내리더라도 세입자를 찾기를 어려울 것이고, 관리비용도 커서 가치가 떨어질 수 있다.

흔히 오피스텔은 준공 후 20~30년이 지나면 월세 비용이 낮아지고 수요도 감소한다. 하지만 입지가 뛰어난 지역의 오피스텔이라면 시간이 지나도 수요가 마르지 않을 것이고, 가격 방어도 할 수 있다. 그러므로 오피스텔 투자 시 단순히 '투자비용이 적고 월세를 받을 수 있다'는 생각만으로 접근하면 안 된다.

또한 오피스텔 모델하우스를 찾다 보면 '수익률 보장 ○년'이라는 문구도 볼 수 있다. 청약률이 떨어지는 일부 오피스텔들은 분양하기 위해 소비자를 현혹하는 공약을 내세우고 있다. 하지만 분양을 받고 준공이 이루어지면 공약을 내세웠던 대행사에서 "우린 모른다"라며 등을 돌리는 사례도 있다.

그러므로 쏟아지는 오피스텔 중 똑똑한 오피스텔을 찾기 위해서는 주변에 수요가 있는 곳인지 잘 따져봐야 할 것이다. 아무리 상품성이 뛰어나더라도 입지가 좋지 않고 교통환경이 불편하다면 세입자를 찾는 데 어려움이 있을 수 있기 때문이다. 모든 부동산이 해당되겠지만, 특히 오피스텔은 입지가 가장 중요하다는 점을 명심하자.

구도심 상가를 노려라, 상권에 따른 맞춤전략이 필요하다

투자 여부를 가를 가장 정확한 판별법은 부지런한 발품과 임장이다. 홍보물 속 빛나는 건물 외관에 현혹되지 말고 직접 많은 매물을 접해봐야 좋은 투자처를 고를 안목을 키울 수 있다는 것을 꼭 명심해야 한다.

시간이 흘러도 가치가 상승하는
구도심 상권

2021년 말부터 시작된 기준금리 인상으로 주택시장이 위축되자 투자자들이 수익형 부동산으로 관심을 우회하고 있다. 코로나19의 사회적 거리두기가 완화되면서 공실 리스크가 줄어들었고, 토지와 건물 가격도 올라가면서 수익형 부동산을 찾는 수요가 증가하고 있는 분위기다.

한국부동산원의 건축물 부동산 거래량을 살펴보면, 2022년 상반기의 전국 부동산 거래는 총 76만 2,371건으로 조사되었다. 이 중 주거용 부동산 거래량은 55만 2,998건이었고, 공업용과 기타 건물 거래는 5만 694건으로 확인되었다. 상업·업무용 부동산 거래량은 15만 8,679건이 거래되어 부동산 건물축 전체 거래량의 20%가 상업·업무용 부동산인 것으로 확인되었다. 이렇게 상업·업무용 부동산 거래비중이 20%를 넘긴 것은 2006년 이래 처음이다.

특히 수도권의 경우 상업·업무용 부동산의 거래비중이 더 높은 것으로 확인되었다. 2022년 상반기 수도권의 부동산 거래는 총 37만 7,080건인데 이 중에서 주거용 부동산 거래는 23만 9,912건으로 나타났고, 상업·업무용 부동산은 10만 1,669건으로 전체 거래의 27.0%의 비중을 보였다. 수도권을 제외한 지역에선 상업·업무용 부동산 거래비중이 14.8%에 달하는 것으로 조사되었다.

이렇게 상업·업무용 부동산에 거래비중이 몰려드는 것은 주택 수에 포함되지 않아 다주택자 규제를 피해갈 수도 있고, 대출 자격 요건도 주택에 비해 한결 자유롭기 때문이다. 특히나 활발한 상권 입지에 풍부한 유동인구를 품은 상업시설은 매달 꾸준한 임대수익을 안겨주는 효자 상품으로 통하기도 한다.

그러나 모든 상업시설이 좋다고만 말할 수 없다. '똘똘한 한 채'처럼 위기에도 강하고, 오를 때에도 더 큰 폭으로 오르는 핵심지역의 상업시설들이 더욱 강세를 누릴 것으로 보인다.

대표적으로 구도심 내 상업시설들을 주목할 필요가 있다. 장기간 유지되어 온 탄탄한 상권인 데다 노포는 물론 유명 맛집이나 상점이 집중된 곳은 젊은 세대와 노년층까지 폭넓은 소비층을 끌어모을 수 있기 때문이다. 여기에 추가적인 신규 공급이 어렵기 때문에 희소가치가 높고, 큰 변수가 없는 한 임대수익도 안정적으로 유지되는 편이다. 이미 상권이 형성된 상태인 만큼 매매가나 임대료를 분석하기가 쉽고, 소비자들의 이동 동선 등도 사전에 체크가 가능해서 투자 시 리스크를 최소화할 수 있다. 또한 일부 상권의 경우 임대료도 신도심에 비해 상대적으로 저렴하다.

신도심 상업시설의 경우 신규 시세가 반영되는 만큼 분양가나 매수 가격대가 높게 측정된다. 신도시 개발에 맞춰 상업시설 공급도 활발히 이루어져 원하는 곳을 미리 선점할 수 있는 데다가 향후 큰 폭으로 가치 상승을 기대할 수 있다. 하지만 분양가의 적정성을 확인하기 어려운 데다 향후 배후수요 규모 등이 예상한 대로 흘러가지 않을 가능성이 있기 때문에 가급적 리스크가 적은 곳을 택하는 것이 좋다.

구도심 핵심지역의 상업시설은 높은 투자비용만큼 확실한 수익률을 보이고 있다. 한국부동산원의 지역별 집합상가 투자수익률을 살펴보면, 구도심의 유명 상업지구의 경우 투자수익률이 신도심을 크게 앞질렀다.

2022년 2분기 기준으로 경기 지역의 대표적 구도심 상권인 수원역, 안산중앙역의 투자수익률은 각 2.02%, 2.06%에 달했지만, 신도시 및 택지개발사업이 이루어진 남양주다산, 김포 한강구래 수익률은 0.65%, 1.26%에 그쳤고, 일산라페스타 수익률의 경우에도 0.87%에 불과했다. 경기 전체 평균 수익률(1.54%)과 비교해서도 현저히 낮은 수준이다.

부산 역시 '구도심이냐, 신도심이냐'에 따라 수익률이 갈렸다. 부

2022년 2분기, 전국 집합상가 상권별 투자수익률 TOP 15

지역	상권	투자수익률(%)
서울	잠실새내역	2.41
서울	청담	2.37
경기	월피다이아몬드	2.36
경기	안성시장	2.33
서울	사당	2.32
서울	한티역	2.26
부산	해운대	2.23
경기	송내역	2.23
충북	제천역	2.21
경남	창원명곡동	2.21
서울	서울대입구역	2.19
부산	연산로터리	2.17
서울	숙명여대	2.16
서울	홍대·합정	2.15
서울	강남대로	2.13

<자료_한국부동산원>

산의 대표적 구도심 상권인 해운대 투자수익률은 2.23%로 부산 전체 평균 수익률(1.67%)을 크게 웃돈 반면, 정관신도시는 0.76%로 상당히 낮은 수익률을 보였다. 인천 또한 신규 개발사업이 이루어진 청라국제도시가 1.43%로 인천 평균(1.59%)을 밑돌았다.

서울에선 잠실새내역이 투자수익률 2.41%로 가장 높았고, 이어

청담 2.37%, 사당 2.32%, 한티역 2.26%로 서울 평균(1.56%)을 크게 넘어섰다. 하지만 구도심 역시 초기 투자 금액이 적지 않은 만큼 신중하게 접근해야 한다. 현실을 직시하지 않고 섣불리 투자를 몰아붙일 경우 오히려 손해까지 볼 수 있다.

상가 투자에서 꼭 따져봐야 할
체크리스트 5가지

성공적인 상가 투자를 위해 다음과 같은 5가지 사항을 미리 잘 체크해야 한다.

첫째, 구도심 상가 투자에 있어서 가장 먼저 살펴볼 점은 상권의 몸집이다. 구도심 상권의 경우 오랜 기간 규모를 키워온 경우가 많은데, 지금도 상권이 축소되지 않고 잘 유지되고 있는지 필수적으로 확인해야 한다. 상권은 몸집을 키우는 데도 장기간이 소요되지만 축소되는 데도 오래 걸리기 때문에 최근 상권 분위기와 공실률 추이를 면밀히 파악하는 것이 도움이 된다.

둘째, 상권 내 자리를 확인해야 한다. 업종에 크게 상관없이 좋은 입지라면 가장 베스트겠지만, 그게 아니라면 어떤 업종에 적합할지 분석해야 한다. 또한 유동인구가 충분히 유입될 수 있는 동선 내에 자리했는지, 주변 시세 대비 매매가가 적당한지, 건물 상태는 양호한지, 관리는 어떻게 되고 있는지 등 세세한 부분까지도 체크하는 것이 좋다.

셋째, 업종별 밀집도도 중요하다. 밀집도는 상권 내에 같은 업종이 얼마나 밀집해 있는지를 나타낸다. 밀집도가 높을 경우 업종 경쟁이 치열하고, 밀집도가 낮을 경우 경쟁에서 우위를 점할 수 있다.

밀집도는 각종 상권분석서비스에서 구체적으로 확인할 수 있다. 나이스비즈맵에 따르면 역삼1동 커피전문점의 밀집도는 7.5%로, 전국 평균(5.7%)을 훌쩍 넘어선 것으로 파악되었다. 서울 평균(6.4%)과 비교해서도 높은 수준을 보였다. 이렇듯 지역별 상권분석을 통해 어느 지역에 어떤 업종이 들어갈지 적합한 곳을 꼼꼼히 따져본 후에 접근해야 한다.

넷째, 정비사업 유무도 빼놓을 수 없는 요소다. 정비사업을 통해 새롭게 탈바꿈되는 지역은 상권에도 긍정적인 영향을 미치기 마련이다. 주변 환경이 개선되고 신규 주거단지들이 들어서면 소비인구 유입이 늘어나 상권이 한층 활성화할 가능성이 높고, 일부 상권에 따라 매매 시세차익도 기대할 수 있다.

다섯째, 신규 공급되는 상가라면 브랜드도 따져볼 필요가 있다. 브랜드 상가는 보통 건설사 자체 브랜드의 이름을 걸고 공급되기 때문에 인지도 부분에서 우세할 수밖에 없다. 또한 일반적인 상가와 차별점이 두드러져 집객은 물론 임대인을 구하기에도 유리할 수 있다.

투자 전에 많은 체크 사항이 있지만, 투자 여부를 가를 가장 정확한 판별법은 '부지런한 발품과 임장'일 것이다. 홍보물 속 빛나는 건물 외관에 현혹되지 말고 직접 자기 발과 눈으로 많은 매물을 접해봐야 좋은 투자처를 고를 안목을 키울 수 있다는 점을 꼭 명심해야 할 것이다.

대한민국 부자들의
수익형 부동산 포트폴리오 엿보기

팬데믹 기간 중에도 부자의 자산 증가 속도는 가속화된 것으로 확인되었다. 부자의 29%는 팬데믹 기간 중에 자산이 10% 이상 증가했다고 밝혔다. 특히 부자들은 잃지 않는 투자를 했다는 점에 주목하자.

대한민국 부자들은
어떻게 투자하는가?

과거엔 부자라고 했을 때 나이 지긋한 대기업 CEO 등을 떠올릴 수 있었다. 즉 대부분 나이가 많은 분들이 부자라고 여겨졌지만, 지금은 그런 기준이 확실히 달라졌다. 스타트업을 운영하는 젊은 경영자와 글로벌 팬을 확보한 아이돌 기획사 대표 등이 막대한 부를 쌓으며 최고 부자의 반열에 오르기도 했다. 또한 가상화폐 투자나 주식 투자로 단기간에 자산을 크게 벌어 조기 은퇴하는 일부 사람들의 이야기도 들리며, 유튜브 채널을 운영해서 큰 수익을 올린 사람들도 현재 부자로 평가된다.

부자들에게도 부동산은 빼놓을 수 없는 재테크 수단 중 하나이며 관심의 대상이다. 부자들은 변화에 한발 앞서 대응하는 투자자이므로, 그들의 선택을 살펴보면 우리나라의 부가 어디로 모이는지 알 수 있을뿐더러 나아가 향후 부동산 투자에 큰 도움이 될 수 있기 때문에 참고하는 것이 좋다.

일부 연예인들이 빌딩 투자로 큰 수익을 냈다는 기사도 심심치 않게 등장한다. 실제로 연예계 '빌딩 부자'로 잘 알려진 가수 서태지는 2002년 50억 원에 매입한 서울 강남구 논현동 건물을 2022년 4월 387억 원에 매각해 300억 대의 시세차익을 얻어 큰 화제를 불러 모으기도 했다.

이렇게 부자들이 부동산에 큰 관심을 두고 투자에 뛰어드는 이유는 무엇일까? 그 이유 중 하나는 지역에 따라 투자 리스크가 크지 않고, 장기간 소유했을 때 상당한 수익을 얻을 수 있기 때문이다.

실제로 부자들의 부동산 자산 비중은 갈수록 높아지고 있다. 하나금융연구소가 발표한 '2022 부자보고서'를 살펴보면, 2016년 부자들의 부동산 자산 비중은 50%였지만 2017년 51%, 2018년 53%, 2019년 51%, 2020년 54%, 2021년 59%로 갈수록 대폭 확대된 것으로 조사되었다.

특히 상업용 부동산 비중이 증가하면서 이를 통해 부를 축적하고 있는 것으로 확인되었다. 2020년 부자들의 상업용 부동산 비중은 전체의 34%로 나타났지만, 2021년에는 38%로 집계되면서 전년 대비 4%나 상승한 것으로 조사되었다.

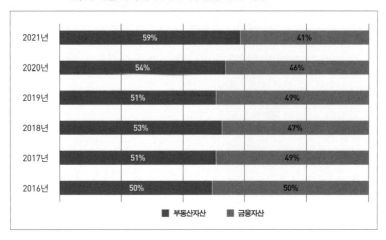

2016~2021년, 부자들의 부동산자산 및 금융자산 비중

연도	부동산자산	금융자산
2021년	59%	41%
2020년	54%	46%
2019년	51%	49%
2018년	53%	47%
2017년	51%	49%
2016년	50%	50%

■ 부동산자산　■ 금융자산

<자료_하나금융연구소 '2022 부자보고서(2022)'>

이렇듯 부자들이 상업용 부동산을 선호하는 이유는 기본적으로 안정적인 임대수익을 얻을 수 있는 데다 종합부동산세 대상에서 제외되고, 주택에 비해 정부 정책의 영향을 덜 받기 때문이다. 또한 부자들은 안정성을 중시하는 경향이 많기 때문에 희소성이 있는 역세권 또는 상권이 안정적인 수도권에 투자하는 경우가 많은 것으로 분석된다.

재미있는 점은 서울 한강 이남 부자와 한강 이북 부자의 투자성향이 다르다는 것이다. 부동산을 제외한다면 서울 강남 부자와 강북 부자의 총자산 규모는 비슷하지만 부동산을 포함한다면 이야기가 달라진다.

부동산을 포함한 총자산의 규모는 강북 부자는 82.3억 원이며, 강남 부자는 93.9억 원이다. 2021년보다 강남 부자의 경우 총자산이 13% 증가했지만 강북 부자의 경우 28% 증가한 것으로 확인되면서 강북 부자가 강남 부자보다 자산관리를 좀 더 잘한 것으로 드러났다. 이렇게 차이가 나는 이유는 강북 부자들이 부동산 및 펀드·신탁, 금이나 귀금속 등과 같은 실물 자산의 비중을 확대했기 때문인 것으로 해석된다.

부자들의 자산 증가 속도는
앞으로도 더욱 가속화될 것이다

부동산 매입 계획에 대해 '이미 매입했거나 매입할 계획이 있다'고 말한 부자들의 비중은 강남과 강북의 차이가 크게 없었다. 하지만 '매입할 계획이 없다'고 의사를 밝힌 부자의 비율은 강남 부자 57%, 강북 부자는 48%로 큰 차이를 보였고, '향후 정책 변화 등 추이를 살펴보고 결정하겠다'고 응답한 비율은 강북 부자 36%, 강남 부자 26%로 강북 부자의 비율이 훨씬 큰 것으로 확인되었다.

향후 투자 계획으로 강남 부자와 강북 부자 모두 부동산을 가장 선호하는 것으로 나타났다. 강남 부자가 부동산을 선택한 비율은 25%, 강북 부자가 부동산을 선택한 비율은 29%로 파악되어 강북 부자의 부동산 투자 의향이 강남 부자보다 더 큰 것으로 나타났다.

부자들도 각자 상황과 성향에 따라 선호 상품이 다르고, 투자방식도 제각각 다를 수밖에 없지만 팬데믹 기간에 부자의 자산 증가 속도는 더욱 가속화된 것으로 확인되었다. 설문조사에 따르면 부자의 29%는 팬데믹 기간 중에 자산이 10% 이상 증가했다고 확인되었다. 대중부유층과 일반 대중의 자산이 10% 이상 증가한 경우는 각각 22%, 12%로 상대적으로 낮았다.

특히 부자들은 잃지 않는 투자를 했다는 점에 주목해야 한다. 자산의 감소를 경험한 부자의 비율은 9%에 불과했고, 이에 비해 대중부유층은 13%, 일반 대중은 24%에 달하는 것으로 조사되었다.

부자 모두가 팬데믹 기간에 자산 구성을 크게 바꾼 것은 아니지만, 자산 구성 비율에 크고 작은 변화를 주었다는 비중은 43%로 확인되었다. 자산 비율에 적극적인 변화를 준 부자는 그렇지 않은 부자들과 비교해 자산증식성과 측면에선 큰 차이를 보였다. 자산 구성 비율에 변화가 없었던 부자는 대부분 자산 크기에 거의 변화가 없거나

10% 이상 고수익을 거둔 부자에게 가장 긍정적인 영향을 준 자산

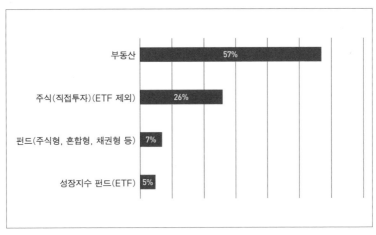

<자료_하나금융연구소 '2022 부자보고서(2022)'>

(48%), 10% 미만으로 증가했다(22%)고 응답했고, 10% 이상 고수익을 거둔 비중은 22%였다. 반면 자산 구성 비율에 변화를 준 부자의 31%는 10% 이상 높은 수익률을 거둔 것으로 나타났다. 변화에 적극적으로 대응한 부자가 긍정적인 결과를 거둔 셈이다.

부동산 투자의 끝판왕,
토지 매매를 쉽게 이해하기

우리나라는 토지의 면적이 작기 때문에 시간이 흘러가면서 토지의 가격은 조금이라도 오르게 되어 있다. 따라서 토지에 투자할 때는 여윳돈으로 투자해야 하고, 단기간에 필요한 돈으로는 절대 투자하지 않아야 한다.

높은 수준의 지식을 요구하는 토지 투자,
무엇부터 따져봐야 하나?

부동산시장에는 많은 상품이 있다. 그중에서 연일 뉴스에 보도되는 것처럼 실질적으로 피부에 와닿는 대중적인 부동산은 아파트다. 아파트는 매도와 매수가 자유롭게 이루어지고, 실거래가가 명확히 표준화되어 있어 일반 사람들이 접근하기가 쉽기 때문이다.

반대로 부동산시장에서 가장 고수들의 영역으로는 토지가 꼽힌다. 주위를 둘러보면 아파트나 주택을 가지고 있는 사람은 많지만, 토지를 보유하고 있는 사람은 굉장히 소수일 것이다.

토지의 가치는 '어떻게 개발되느냐'에 따라 큰 차이를 보인다. 마치 흙으로 도자기를 빚으면 가치가 크게 달라지듯이 어떤 토지는 수십 년을 갖고 있어도 가치가 오르지 않는 반면에, 어떤 토지는 보유한 지 얼마 되지도 않았는데 가치가 몇 배나 오르기도 한다.

과거에는 토지에 관한 정보를 찾기가 굉장히 힘들었다. 그래서 자신이 거주하는 지역의 토지 또는 지인들이 추천한 토지에 투자하거나 가격이 뛴다고 소문난 곳에 몰려드는 경우가 대부분이었다. 하지만 지금은 모든 지역의 부동산 정보를 쉽게 확인할 수 있게 되었고, 가격과 현황들을 쉽게 살펴볼 수 있는 등 정보에 대한 접근성이 좋아졌다. 대표적으로 3기 신도시 개발과 GTX 등 호재가 이어진 수도권에서는 토지에 관심을 갖는 수요가 늘어났다.

토지는 절대량이 한정되어 있기 때문에 정책이나 경기 등락에 따라 가격이 쉽게 변동되지 않고, 장기적으로 가격이 상승하는 경향이 있다. 하지만 모든 토지 투자자가 수익을 얻지는 못한다는 것을 알아야 한다. 가장 비싼 시점에 매입했거나 적정가격보다 높은 가격에 매입했다면 손해를 입을 수밖에 없다.

문제는 토지의 적정가격을 알기가 어렵다는 것이다. '부동산 가격 공시에 관한 법률'에 따르면, 적정가격이란 당해 토지에 대해 통상적으로 시장에서 정상적인 거래가 이루어지는 경우 성립될 가능성이 가장 크다고 인정되는 가격을 의미한다. 토지는 주택과 달리 거래가 많지 않고 토지의 규모, 모양, 입지가 모두 제각각인 만큼 웬만한 고수가 아니고서는 그 적정가격을 쉽게 판단할 수 없다.

흔히 중개업자나 부동산 투자회사의 말만 믿고 토지를 매입하는

2022년 1~6월, 전국 토지 매매거래현황

지역	거래량
서울	59,254
부산	30,749
대구	12,460
인천	38,025
광주	16,288
대전	11,233
울산	12,499
세종	5,979
경기	189,430
강원	45,322
충북	40,498
충남	70,806
전북	45,327
전남	55,353
경북	60,927
경남	62,009
제주	13,529

<자료.한국부동산원>

경우가 많지만, 이들은 부동산시장을 긍정적으로만 보기 때문에 적
정한 가격인지 의문을 가져야 한다. 결국 토지의 시세가 적당한지 파
악하려면 주변의 말을 믿는 것보다 본인 스스로 토지 시세를 파악하

는 눈을 키워야 한다.

토지를 매입할 때는 해당 토지가 어떤 용도로 사용할 수 있는지부터 알아보는 것이 중요하다. 가령 주택을 짓기 원한다면 건축행위가 가능한 토지를 매입해야 할 것이고, 주말농장으로 이용하기를 원한다면 교통이 편리한 농지를 사야 할 것이다. 상업활동을 원한다면 상업용 시설을 지을 수 있는 토지를 구매해야 한다. 만약에 토지의 가치를 높여 시세차익을 얻는 게 목적이라면 수요가 많은 용도의 토지를 구매해야 할 것이다.

토지에 투자하기 위해선 투자 기간을 정하는 것이 좋다. 투자 기간에 따라 투자할 토지의 종류가 달라지기 때문이다. 투자 기간을 중단기(5~8년)로 계획한다면 도시와 가깝고, 도로와 인접한, 너무 넓지 않은 크기의 토지(500평)에 투자하는 것이 좋다. 그래야 쉽게 매수인을 찾을 수 있고, 매도하기에도 편하다. 반대로 투자 기간을 장기간(8년 이상)으로 계획한다면 토지의 개발 가능성이나 개발호재가 있는, 저렴하고 넓은 토지를 매입해야 큰 차익을 누릴 수 있다.

잘 팔릴 수 있는 토지를 골라라,
환금성부터 따져봐야 하는 토지 투자

일반적으로 처음 토지에 투자하는 사람이라면 단기적인 계획을 세우고 작은 규모의 토지에 투자하는 것을 추천한다. 토지의 규모가 크고 금액이 큰 토지의 경우 찾는 사람이 적고, 잘 팔리지도 않아 곤란할 때가 많다. 그러나 규모가 작고, 도로와 인접한 소액 토지는 비교적 잘 팔리기 때문에 환금성이 용이하다. 이렇게 작은 토지들을 위주로 몇 번 사고팔면서 경험을 쌓으면 토지시장의 생태에 대한 이해도가 높아져 차츰 더 좋은 투자가 가능하다.

토지 투자를 처음 접하는 초보자들은 단기간에 적어도 2배, 많게는 5배까지 오른다는 말만 듣고 투자했다가 손해를 보는 경우가 흔하다. 하지만 토지는 단기간 시세차익을 내서 수익을 보는 경우가 지극히 드물다.

게다가 보통 초보 토지 투자자들이 손해를 보는 이유 중 하나는 단기간에 시세차익을 얻지 못해서가 아니라 여유자금이 아닌 돈으로 투자해서다. 우리나라의 경우 토지의 면적이 작기 때문에 시간이 흘러가면서 토지의 가격은 조금이라도 오르게 되어 있다. 따라서 토지에 투자할 때는 여윳돈으로 투자해야 하고, 단기간에 필요한 돈으로는 절대 투자하지 않아야 한다. 토지 투자를 할 때는 최소 5년 이상 자금이 묶이기 때문에 최대한 신중하게 투자하는 것이 무엇보다 중요하다.

투자가치가 있는 땅을 찾았지만, 자금이 부족해 투자하지 못하는 경우도 있다. 이럴 땐 지분투자를 많이 이용한다. 지분투자는 여러 사람이 한 필지의 토지에 함께 투자하는 것이다. 소액으로 고가의 토지 소유가 가능하고, 자신의 지분에 한해 개발과 매도가 자유롭다는 장점이 있다.

하지만 지분투자의 단점도 있다. 전체 토지가 아닌 자기의 지분만 개발하기가 어렵고, 매도할 때도 하나의 토지가 아니라서 매수하려는 사람이 없고, 공동투자자들의 협의가 이루어지지 않는다면 매도

기간을 놓쳐 손해를 볼 수도 있다.

지분투자를 하려면 충분히 여러 가지 리스크를 고려해야 한다. 지분투자를 하기로 결심했다면 분쟁을 막기 위해서라도 공동 투자자들과 함께 매도 날짜를 비롯해 투자 지분을 계약서에 특약으로 작성해서 매도 기간을 구체화해야 한다.

기획부동산 사기도 주의해야 한다. 수도권의 토지가 헐값에 나왔다며 투자를 권유하는 경우가 있다. 이런 기획부동산의 광고만을 맹신해 손해 보는 투자자들이 의외로 많다. 토지에 소액 투자가 힘들다는 점을 이용해 싼값에 매입할 수 있다고 유혹함으로써 최고 수백 배까지 가격을 올려 되파는 것이다.

기획부동산에 사기를 당하지 않으려면 국토교통부의 실거래가 공개시스템 홈페이지를 통해 주변 토지가격을 충분히 조사해야 한다. 특히 누군가가 "이 땅이 좋다"고만 이야기한다면 먼저 기획부동산인지 의심해보는 것도 피해를 막을 수 있는 방법이다.

알아두면 쓸모 있는,
부동산 알짜 데이터 확인법

- 로우 데이터 분석을 위해 꼭 방문해야 할 사이트들
- 프롭테크 애플리케이션과 부동산 정보 사이트들

로우 데이터 분석을 위해
꼭 방문해야 할 사이트들

모든 분야에 있어 '선택'은 늘 어렵다. 그래서 우리는 친구나 가족과 의논을 나누고, 전문가들의 조언을 열심히 찾아보며, 다양한 도서도 읽으면서 지침을 얻으려 하지만 결국 최종 선택은 '좋아 보이는' 것을 '직감으로' 따르는 경향이 있다. 그러나 '내 집' 혹은 '내 돈'이 걸려 있는 부동산 분야라면 얘기가 달라진다. 우리는 올바른 투자를 하고 있다고 생각하지만, 데이터로 들여다보는 '실체'는 전혀 다른 경우가 많다.

이러한 데이터에 대한 접근성을 과거에는 일부 투자자들만이 활용하고 있었다. 분석도 어렵거니와 분석의 주제가 되는 수치, 즉 로우 데이터(Low data)에 대한 정보에 일반인들이 접근하기가 무척 어려웠기 때문이다.

하지만 최근에는 스마트폰의 보편화와 기술의 발달로 인해 누구나 정보를 확인하고 분석할 수 있는 시대가 열렸다. 경제만랩 리서치팀이 데이터 분석을 위해 확인하는 로우 데이터 또한 이제는 일반 소비자들도 쉽게 접근해서 확인할 수 있는 데이터들이다. 약간의 수고만 들인다면 내 집 마련이나 부동산 투자 시에 충분한 정보를 얻을 수 있는 사이트들을 간단하게 소개하고자 한다.

한국부동산원 부동산통계정보 (reb.or.kr/r-one/main.do)

한국부동산원은 국가에서 관리하면서 국가 정책을 만든다. 1969년 정부출자기관으로 설립되었는데, 부동산시장의 안정과 질서를 유지하고 부동산 소비자의 권익보호와 부동산 산업발전에 이바지하는 것을 설립 취지로 두고 있다.

부동산 통계 총집합으로 주간 부동산 가격뿐만 아니라 부동산 거래량과 오피스텔 가격동향, 상업용 부동산 임대동향, 지가변동률 등을 알 수 있다. 주로 활용되는 아파트 거래량에서는 연령별, 거주지별, 거래규모별, 거래원인별 등을 확인할 수 있다. 또한 토지거래량과 상업용 부동산 공실률과 임대료, 층별효율비율 등도 알 수 있어 부동산 데이터에 접근할 때 가장 흔하게 사용되고 있다.

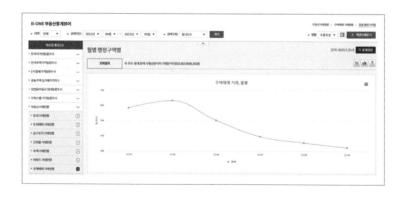

국토교통부 실거래가 공개시스템 (rt.molit.go.kr)

부동산시장에서 가장 중요한 통계 중 하나로 꼽히는 '실거래가'는 국토교통부 실거래가 공개시스템에서 찾아 활용할 수 있다. 국토교통부에서 제공하는 실거래가는 실제로 거래된 가격과 계약면적, 계약날짜 등을 구체적으로 알 수 있고, 매매가격뿐만 아니라 전세와 월세가격, 계약갱신청구 사용여부, 거래유형(중개거래, 직거래), 계약취소, 중개사 소재지 등을 알 수 있다.

실거래가로 가장 구체적인 아파트 시세를 알 수 있기 때문에 시세를 파악하는 데는 가장 유용하다. 데이터는 엑셀로 출력할 수 있기 때문에 가격별, 지역별, 계약년월별 등으로 쉽게 분리할 수 있으며 다양하게 분석이 가능하다.

부동산은 기본적으로 수요와 공급의 원리로 이루어지는 상품이기 때문에 수요와 밀접한 관련이 있는 인구 변화는 반드시 알아둘 필요가 있다.

최근 부동산시장에서 1인가구와 저출산, 노령화, 베이비부머, 경제활동인구(만 15세 이상 생산가능연령 인구 중에서 구직활동이 가능한 취업자 및 실업자) 등의 용어들이 자주 나오는 이유이기도 하다. 인구와 세대수 자료는 행정자치부 주민등록 인구통계를 통해서 아주 쉽게 파악할 수 있다.

특히 지역별 평균 연령과 전출입 지역 현황은 향후 미래가치가 높은 지역을 선별하는 데 있어 부동산 투자자라면 꼭 알아야 할 필요한 통계 중 하나다.

● 주민등록 인구 및 세대현황

행정기관	2022년 10월					
	총 인구수	세대수	세대당 인구	남자 인구수	여자 인구수	남여 비율
전국	51,459,626	23,697,051	2.17	25,649,509	25,810,117	0.99
서울특별시	9,443,722	4,450,389	2.12	4,578,459	4,865,263	0.94
부산광역시	3,322,286	1,556,293	2.13	1,622,749	1,699,537	0.95
대구광역시	2,366,852	1,070,874	2.21	1,164,728	1,202,124	0.97
인천광역시	2,962,388	1,320,238	2.24	1,483,026	1,479,362	1.00
광주광역시	1,432,651	652,598	2.20	708,119	724,532	0.98
대전광역시	1,446,863	673,098	2.15	721,745	725,118	1.00
울산광역시	1,111,707	486,070	2.29	570,960	540,747	1.06
세종특별자치시	382,258	159,129	2.40	190,683	191,575	1.00
경기도	13,579,508	5,908,615	2.30	6,835,151	6,744,357	1.01

국토교통부 통계누리 (stat.molit.go.kr)

2022년 들어 많이 나오는 미분양 관련 통계는 국토교통부의 통계누리에서 손쉽게 확인할 수 있다. 지역별 미분양 아파트 물량은 물론이고 악성 미분양이라고 불리는 준공 후 미분양 물량 등도 파악할 수 있다. 이 외에도 주택건설실적통계 인허가, 착공, 준공 등을 알 수 있으며 주택보급률도 확인할 수 있다.

대한민국 대법원 등기정보광장 (data.iros.go.kr)

　　대한민국 대법원 등기정보광장에서는 부동산 등기에 관한 다양한 정보를 상세히 확인할 수 있다. 소유권 이전 관련 등기 현황 수와 증여, 강제경매로 인한 매각, 임의경매로 인한 매각, 공매, 생애 첫 부동산 구입 관련 데이터뿐만 아니라 법인 관련 등기신청 현황들도 알 수 있다. 이 외에도 전세의 월세화의 데이터 표본인 전월세 현황과 보증금 평균, 임차·임대 관련 정보도 쉽게 파악할 수 있어 부동산 투자에 큰 도움이 된다.

등기현황 목록				
부동산등기	법인등기	동산·채권담보등기	기타등기	확정일자

신청정보 >

부동산등기 신청현황(지역별)	부동산등기 신청현황(등기목적별)	부동산등기 신청현황(신청인별)
부동산등기 신청현황(신청구분별)	부동산등기 신청현황(신청방법별)	부동산등기 신청현황(신청인, 신청방법별)
부동산등기 신청현황(신청방법, 등기목적별)		

신청정보 > 권리별현황

소유권보존 >

소유권보존등기 신청현황(지역별)	소유권보존등기 신청현황(소유형태별)	소유권보존등기 신청현황(내국인, 외국인, 법인 등)
소유권보존등기 신청현황(남/여, 연령별)	소유권보존등기 신청현황(외국인 국적별)	

청약홈 (applyhome.co.kr)

청약홈에서는 아파트, 오피스텔의 청약 일정 및 신청, 당첨자 발표를 모두 확인할 수 있으며, 실제 청약 정보를 확인하는 것은 물론 청약 연습 등 신규 청약에 필요한 대부분의 정보를 확인할 수 있는 사이트다. 실제로 청약을 진행하는 경우 이 사이트를 필수적으로 사용해야 하기 때문에 지금 당장 청약을 하지 않는 사람이라도 한 번쯤 사이트 내용을 확인해두는 것이 유용하다.

특히 청약캘린더의 경우 월별로 진행되는 청약 건수를 쉽게 정리해 보여준다. 또한 오늘의 청약일정 및 당첨자 발표, 청약 경쟁률, 알림 설정 등이 가능하며, 관심 있는 청약 정보에 관련된 내용을 제공해 편리하다.

프롭테크 애플리케이션과
부동산 정보 사이트들

로우 데이터 분석 외에도 직접적인 시세나 매물, 인프라 등을 확인할 수 있는 사이트나 애플리케이션 또한 무수히 존재한다. 특히 이 중에서도 '프롭테크(Prop Tech)' 기반의 사이트 및 애플리케이션이 큰 지분을 차지하는데, 여기서 프롭테크란 부동산(property)과 기술(technology)을 결합한 용어로 '정보 기술을 결합한 부동산 서비스 산업'을 말한다.

프롭테크는 빅데이터·AI(인공지능)·VR(가상현실) 등 IT 기술로 무장한 새로운 서비스를 통해 기존 부동산시장의 판도를 바꾸고 있다. 아파트 시세, 거래정보 등 부동산 실수요자 맞춤형 서비스가 대거 등장하면서 소비자들은 직접 발품을 팔지 않아도 스마트폰 앱으로 다양한 정보를 손쉽게 얻을 수 있게 되었다. 부동산 매수에 드는 시간과 비용이 줄면서 소비자 편익도 크게 향상되었다.

이처럼 최근에는 활용하기 편리한 프롭테크 애플리케이션들은 물론 다양한 부동산 정보 사이트들이 속속 등장하고 있다. 이러한 애플리케이션과 사이트들을 참고하면 똑똑한 내 집 마련과 부동산 투자가 가능하므로 반드시 주목할 필요가 있다.

직방 (zigbang.com)

1세대 프롭테크 브랜드인 '직방'은 아파트, 오피스텔, 원룸 등 주 거용 부동산을 구할 때 유용하도록 최적화되어 있다. 첨단IT를 가장 적극적으로 도입하는 프롭테크 기업이다. 3D단지투어가 대표적이다. 원하는 아파트 단지를 3D입체화면으로 볼 수 있는 서비스다. 거실, 침실, 작은방 등에서 창문 밖으로 보이는 조망이 어떤지, 시간에 따른 일조량까지 체크할 수 있도록 정교하게 구현했다.

네이버 부동산 (land.naver.com)

'네이버 부동산'은 호갱노노, 직방, 다방 등의 플랫폼이 나오기 전부터 부동산 매물 광고 서비스를 운영해서 실제 확보된 부동산 물건이 타 부동산 플랫폼에 비해 압도적으로 많다. 여러 공인중개사들이 네이버 부동산 플랫폼에서 집을 홍보하다 보니 허위 매물도 더러 섞여 있지만 가장 최근의 호가를 파악하기 위한 목적으로 적합하다.

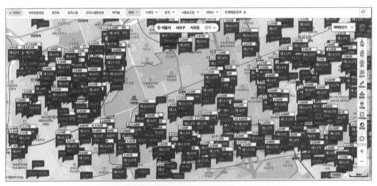

호갱노노 (hogangnono.com)

'호갱노노'는 아파트 매물분석 및 주변 지역분석을 손쉽게 해주는 애플리케이션이다. 학원가와 상권이 어디에 형성되었는지 시각화해서 보여주기 때문에 입지 분석 차원에서도 활용도가 높다. 직장인 연봉 메뉴를 활용하면 고소득자 분포지역 분석도 가능하며, 또한 월간 방문자를 분석해 가장 인기 있는 아파트 단지도 표시해준다.

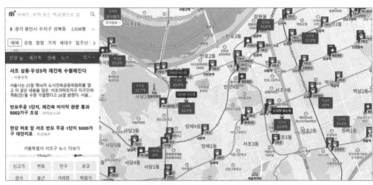

KB부동산 (kbland.kr)

　'KB부동산'은 국내 프롭테크 중 가장 높은 공신력을 자랑하며, 시세 확인 시 가장 많이 사용된다. 대부분의 시중은행이 주택담보대출의 기준으로 KB시세를 사용하기 때문에 대출을 고려중이라면 해당 시스템을 통해 시세를 미리 체크해보는 것을 추천한다. 매매가 시작된 이후부터 현재까지 변화를 그래프로 한눈에 확인할 수 있고, 전국의 주택가격을 매주·매달 조사해 발표하는 통계자료는 각종 부동산 자료로 재가공·재생산되곤 한다.

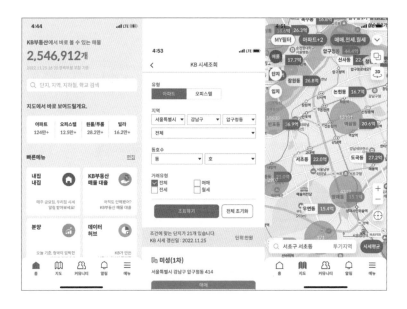

아실 (asil.kr)

 '아실'은 대표적 주거용 부동산인 아파트에 특화된 프롭테크로, 아파트 중심 정보를 수집하는 데 활용도가 높다. 다양한 필터링이 가능해 원하는 정보를 빠르게 확인할 수 있고, 아실의 시그니처 서비스로 일컬어지는 '부동산 스터디'를 통해 가격 순위나 단지 간 가격은 물론 갭투자 증가 지역, 매수심리 분석 등 실수요자·투자자 모두에게 유의미한 자료를 쉽게 확보할 수 있다. 경매 물건도 함께 확인이 가능해 경매에 관심 있는 이들도 정보를 얻기가 편하다.

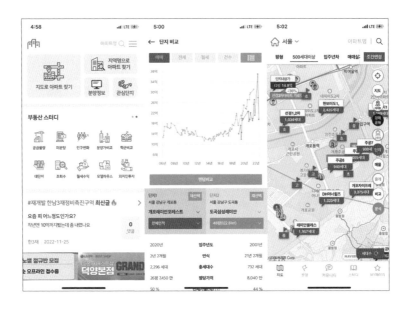

토지실거래가격 확인 '디스코' (disco.re)

'디스코'는 아파트, 상가, 사무실, 토지, 공장, 창고, 오피스텔 등 다양한 부동산을 유형별로 손쉽게 확인할 수 있다. 검색한 부동산의 최근 실거래가 및 경매, 매물, 토지, 건물 정보까지 조회가 가능하며, 개별공시지가 추이도 확인할 수 있다. 특히 부동산 정보를 얻기 위해 필요한 내용을 한 번에 확인할 수 있다는 장점을 가지고 있다.

토지실거래가격 확인 '밸류맵' (valueupmap.com)

'밸류맵'은 국내 중소형 토지 건물 프롭테크 분야에서 많은 사용자를 보유하고 있다. AI가 설계 서비스를 제공하며, 미리 건물을 지어보고 주차 대수와 도면까지 확인할 수 있는 장점을 가지고 있다. 또한 유사 거래 사례를 제공해 주변 지역의 거래 내역까지 알 수 있다. 특히 토지와 건물(빌딩), 상가, 경매 투자에 유용한 어플로 해당 지역의 실거래 내역과 매물 현황 등을 바로 검색할 수 있다.

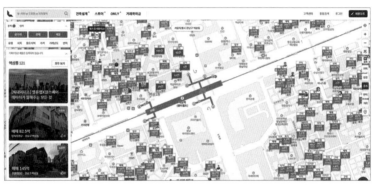

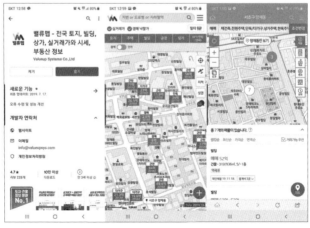

네모

　'네모'는 상가, 사무실 등 상업용 부동산 시세 확인 및 정보 확인에 특화된 애플리케이션이다. 상가 및 사무실의 매물 검색 시 지역, 지하철역, 거래종류, 가격, 면적 등 다양한 조건을 설정해 자신에게 필요한 맞춤형 매물 검색이 가능하며, 빅데이터를 활용한 상권 분석 및 프랜차이즈 비교 분석 등의 서비스를 제공한다.

홈파인더

'홈파인더'는 아파트 실거래가를 기본으로, 부동산에 관한 정보를 제공한다. 현재 전국의 아파트를 대상으로 서비스하고 있으며, 대법원 경매, 학군 등 다양한 정보를 제공하는 애플리케이션이다.

■ 독자 여러분의 소중한 원고를 기다립니다

메이트북스는 독자 여러분의 소중한 원고를 기다리고 있습니다. 집필을 끝냈거나 집필중인 원고가 있으신 분은 khg0109@hanmail.net으로 원고의 간단한 기획의도와 개요, 연락처 등과 함께 보내주시면 최대한 빨리 검토한 후에 연락드리겠습니다. 머뭇거리지 마시고 언제라도 메이트북스의 문을 두드리시면 반갑게 맞이하겠습니다.

■ 메이트북스 SNS는 보물창고입니다

메이트북스 홈페이지 | matebooks.co.kr

홈페이지에 회원가입을 하시면 신속한 도서정보 및 출간도서에는 없는 미공개 원고를 보실 수 있습니다.

메이트북스 유튜브 bit.ly/2qXrcUb

활발하게 업로드되는 저자의 인터뷰, 책 소개 동영상을 통해 책에서는 접할 수 없었던 입체적인 정보들을 경험하실 수 있습니다.

메이트북스 블로그 blog.naver.com/1n1media

1분 전문가 칼럼, 화제의 책, 화제의 동영상 등 독자 여러분을 위해 다양한 콘텐츠를 매일 올리고 있습니다.

메이트북스 네이버 포스트 post.naver.com/1n1media

도서 내용을 재구성해 만든 블로그형, 카드뉴스형 포스트를 통해 유익하고 통찰력 있는 정보들을 경험하실 수 있습니다.

STEP 1. 네이버 검색창 옆의 카메라 모양 아이콘을 누르세요.   STEP 2. 스마트렌즈를 통해 각 QR코드를 스캔하시면 됩니다.
STEP 3. 팝업창을 누르시면 메이트북스의 SNS가 나옵니다.